경찰과 민주 · 자치에 관한 17년 칼럼 모음

우리는 어떤 경찰을 가질 것인가

The Police **We Choose**

이 상 훈

도서출판 진영사

경찰과 민주 · 자치에 관한 17년 칼럼 모음

우리는 어떤 경찰을 가질 것인가

The Police We Choose

이상훈 지음

2026년 2월 19일 초판 인쇄
2026년 3월 3일 초판 발행

발행인 박 진 영
발행처 도서출판 진영사
인천광역시 부평구 주부토로 236번지 인천테크노밸리 U1
지식산업센터 B동 1507호
전화 : 032)505-4207
팩스 : 032)505-4206
E-mail : 0183734207@hanmail.net
신고번호 : 제2007-000001호

ISBN 978-89-6541-738-5 (03070)
값 22,000원

경찰과 민주 · 자치에 관한 17년 칼럼 모음

우리는 어떤 경찰을 가질 것인가

The Police **We Choose**

추천의 글

“이 책은 저자가 지난 17년간 언론에 기고한 칼럼들을 묶어, 우리 시대의 경찰과 사회, 그리고 변화의 흐름을 생생하게 조명한 기록이다. 시대별 주요 사회 이슈와 제도 변화, 경찰 조직 내·외부의 진통, 그리고 공동체 안녕을 위한 현장의 고민 등이 이 책의 맥을 이루고 있다. 민주경찰의 길을 밝힌 역작이다.”

-전 한국행정연구원장 안성호

경찰조직의 정체성, 국민과의 소통, 민주주의와 안전의 균형, 시대적 사명에 대한 성찰을 담고 있으며, 실증적 통계와 국내외 경험, 비판적 목소리, 그리고 미래를 향한 제언까지 폭넓게 아우른다. 특히 경찰개혁, 권력 분산, 책임성 강화, 시민의 삶 속 경찰의 존재 이유와 가치, 현장 행정의 한계와 가능성을 사회적·철학적으로 탐구했다.

-서울대학교 행정대학원 교수 임도빈

“책 전체에 걸쳐 “경찰이란 무엇인가”, “시민에 대한 봉사란 무엇인가”라는 근본적 질문이 일관되게 흐르며, 권력기관으로서가 아니라 인간과 사회의 연결 조직으로서 경찰상을 그리고 있다.”

-동국대학교 명예교수 이황우

“이 책은 시민과 함께 걷는 경찰, 민주적이고 전문적인 조직, 시대적 과제를 풀어나가는 집단으로서 우리 경찰의 미래상을 제시하고 있다. 법집행자에 그치지 않고 사회의 거울로서, 권력기관이 아니라 국민과 함께하는 동반자로서 경찰의 의미를 강조하는 저자의 통찰이 이 시대에 큰 울림을 준다.”

-전 대통령소속 자치분권위원장 김순은

“현장과 이론을 아우르는 세밀한 분석과 현장 경험의 기록이 어우러진 이 책은, 경찰 조직 내부뿐 아니라 국민 모두가 경찰의 역할을 다시 생각할 수 있도록 돕는 소중한 나침반이 될 것이다. 치안의 본질, 사회정의와 안전이라는 가치, 그리고 미래 공동체의 모습까지 이 책을 통해 한층 더 깊이 고민할 수 있기를 바란다.”

-제22대 경찰청장 김창룡(주 캄보디아 대사)

“이 책은 시대의 현장에서 묵묵히 역할을 해온 경찰의 발자취와 우리 사회의 변화, 그리고 국민의 신뢰와 안전이라는 근본가치를 치열하게 성찰한 기록이다. 저자는 지난 17년간 언론 기고와 현장 경험을 통해 경찰의 사명, 공동체에 대한 책임, 변혁과 개혁의 의미를 생생하게 전달하고 있다.”

-제37대 서울경찰청장 최관호

프롤로그

우리는 어떤 경찰을 가질 것인가

경찰을 생각하는 일은 늘 쉽지 않았다. 사건이 터질 때마다 경찰은 비판의 대상이 되었고, 평온한 일상 속에서는 잊혀진 존재가 되곤 했다. 그러나 사회가 흔들릴 때마다, 민주주의가 시험대에 오를 때마다 경찰은 언제나 그 한가운데에 서 있었다. 지난 17년 동안 신문 지면에 칼럼을 쓰며 내가 가장 자주 되돌아본 질문도 바로 이것이었다. 우리는 어떤 경찰을 가질 것인가.

이 질문은 어느 날 갑자기 생겨난 것이 아니다. 동국대학교 경찰행정학과에 진학한 후부터, 나는 경찰을 단순한 직업이나 조직이 아니라 하나의 제도로 바라보게 되었다. 경찰은 법을 집행하는 역할인 동시에, 국가권력이 시민의 일상 속으로 가장 가까이 다가가는 접점에 서 있는 존재였다. 그래서 경찰을 말한다는 것은 곧 국가와 공권력을 말하는 일이었고, 민주주의를 말하는 일이었다.

칼럼을 쓰는 동안 우리 사회는 수없이 많은 변곡점을 지나왔다. 거대한 사건과 격렬한 논쟁, 제도의 개편과 경찰개혁 약속이 반복되었다. 그 과정에서 경찰은 때로는 시민의 신뢰를 얻었고, 때로는 깊은 실망과 질책의 대상이 되었다. 그러나 시간이 흐를수록 분명해진 것이 하나 있다. 문제의 본질은 언제나 '얼마나 강한 경찰인가'가 아니라 '누구에게 충성하는 경찰인가'라는 점이었다.

민주주의 사회에서 경찰의 정당성은 권력으로부터 오지 않는다. 그것은 국민의 명령, 바로 헌법에서 비롯된다. 더 많은 권한이나 더 강한 통제만으로 국민안전을 확보할 수 있다는 믿음은 오래가지 못했다. 오히려 헌법을 기준으로 판단하고, 국민의 선택에 책임지는 경찰만이 자유와 안전을 함께 지켜낼 수 있다. 이것이 지난 17년 동안 수많은 사건과 논쟁의 터널을 빠져나오며 내가 도달한 결론이다.

이 책은 거창한 이론서도, 단정적인 개혁 설계도 아니다. 신문 칼럼이라는 짧은 형식 속에서 그때그때의 현실을 바라보고, 질문하고, 기록한 생각의 모음이다. 그러나 그 기록들을 다시 묶으며 나는 하나의 원리가 일관되게 흐르고 있음을 발견한다. 민주와 정의라는 가치, 그리고 그 종착점에 놓인 '국민이 직접 제정·개정한 헌법에 충성하는 경찰'이라는 생각이다.

경찰은 우리와 멀리 떨어진 존재가 아니다. 그들은 제복을 입은 이웃이고, 동료 시민이다. 우리가 어떤 경찰을 선택하느냐는 결국 우리가 어떤 사회를 살아가고 싶은지를 묻는 일과 다르지 않다. 이 책이 독자 여러분에게 이러한 단 하나의 질문만을 남길 수 있다면 그것으로 충분하다.

우리는 어떤 경찰을 가질 것인가. 그리고 그 선택의 책임을, 우리는 얼마나 진지하게 감당하고 있는가.

2026년 2월 4일,

봄이 시작된 날(立春)에

글쓴이 이상훈

목 차

제2부 현장 치안과 시민의 안전

제3부 민주경찰의 새로운 지평, 자치경찰

제4부 지방시대와 국민이 바라는 경찰

제1부

헌법에 충성하는 경찰

헌법만 바꾸면 우리도 민주주의 잘할 수 있을까

대한민국은 1948년 7월 17일 첫 헌법을 공포한 이후 지금까지 모두 8차례 헌법을 개정해 왔다. 그 여덟 번째 개정의 결과가 오늘날 우리가 『대한민국헌법』이라고 부르는 1987년 헌법이다. 1987년은 전두환 정권의 독재에 맞선 민주화 운동이 절정에 이른 해였다. 그 해 6·10 항쟁은 권위주의와 독재 정권에 맞선 국민적 저항의 상징이 되었고, 직선제 개헌과 민주화 조치 약속을 이끌어냈다. 그러나 그때의 개헌이 완전한 민주주의를 실현한 결정적 이정표가 된 것은 아니었다. '호헌 철폐'는 이루었지만 '독재 타도'는 여전히 미완의 과제로 남아 있다. 그 결과 지금도 우리는 '제왕적 대통령제'라는 강력한 1인 중심의 헌법 질서와 권력구조의 유산 속에서 살아가고 있다.

1987년 개헌 당시 정치권은 대통령 1인에게 집중된 권력을 분산시키려는 국민의 요구에도 불구하고 결국 '단임제'에 합의하는 데 그쳤다. 과도한 권력 집중 자체를 막기보다, 이미 집중된 권력의 장기 연장을 끊어내는 쪽의 실리를 택한 셈이다. 일종의 박정희 트라우마였다. 당시 대권 주자들은 4년 중임제를 택할 경우, 상대 후보가 8년을 연임하는 최악의 시나리오만은 피하고 싶었을 것이다.

결국 정치권은 자신의 집권을 위한 계산에 따라 대통령 임기 · 부통령제 · 선거권 연령 등 전술적 쟁점에만 매달렸고, 국민의 삶과 인권 보장에 대한 논의는 뒤로 밀려났다. 직선제 도입을 통한 집권의 길에만 집중한 정치권은 제왕적 대통령제가 낳을 폐해를 충분히 예견하지 못했을 것이다.

최근에는 일부 정치권 인사들과 전직 의원들의 모임인 헌정회 원로들까지 개헌을 요구하고 있다. 이들은 이번 비상계엄 사태에서 드러났듯 과도한 대통령 중심 권력구조가 국정을 마비시켰다고 지적한다. 권력을 분산해 이른바 '대통령 리스크'를 줄이자는 주장이다. 이처럼 개헌이 더 이상 미룰 수 없는 과제로 떠오른 지금, 정치권은 이번 개헌이 국민의 삶을 실제로 어떻게 바꿀 수 있을지 진지하게 고민해야 한다. 헌법 조항만 고치면 민주주의가 저절로 완성될 것이라는 근거 없는 믿음은 매우 위험하다.

1987년 헌법 개정이 민주화의 중요한 전환점을 마련했지만, 당시 국민 참여가 부족했음을 돌아볼 때, 이제는 대통령 권한의 집중을 막는 것을 넘어 국민의 목소리가 더욱 실질적으로 반영되는 헌법이 필요하다. 지금까지 정치권에서 오가는 논의는 그것이 국민의 일상과 어떻게 연결되고 어떻게 실행될 수 있을지에 대한 고민이 여전히 부족해 보인다. 헌법을 고친다고 해서 우리의 민주주의가 저절로 성숙하는 것은 아니다.

1987년의 한계를 반복하지 않으려면, 이번 개헌이 국민의 실제 삶을 어떻게 바꿀 수 있을지 신중히 따져보아야 한다. 더 이상 일부 정치 엘리트나 정치 세력이 밀실에서 합의한 권력구조 중심의 '원포인트 개헌'이 반복되어서는 안 된다. 헌법의 통치구조와 기본권 조항을 꼼꼼히 살펴 국민의 삶 · 복지 · 인권, 나아가 미래세대를 향한 공동체의 약속을 새겨 넣어야 한다. 이를 위해 무엇보다 충분한 국민적 공론화 과정이 보장되어야 한다. 국민의 참여와 다양한 구성원의 의견이 헌법에 적극 반영될 때에야 비로소 여의도 정치권이 입버릇처럼 말하는 '국민'이라는 말이 국민에게 진정한 의미로 다가갈 수 있을 것이다.

대전일보 칼럼 「법률칼럼」 (18면, 2024.12.26.)

대전일보

이제는 헌법에 충성하는 경찰을 보유하자

대한민국 경찰은 역사적으로 국가와 국민의 안전을 떠받쳐 온 충성스러운 조직이다. 12.3 비상계엄 사태가 촉발한 국가적 혼란은 경찰이 더 이상 단순한 질서유지 기관이 아니라 헌법 수호의 최전선에 서는 용기 있는 시민이어야 함을 새삼 확인시켰다. 위기의 순간마다 국민이 기대야 할 대상은 헌법의 가치로 판단하는 경찰, 인권을 최우선에 두는 경찰이다. 이제 경찰 스스로 이 정체성을 분명히 선언해야 할 때다. 경찰은 단순한 법 집행자가 아니라 헌법의 수호자로서 국민의 인권을 지키는 사명을 띠고 있다고.

세계 여러 나라의 경험도 이를 증명하고 있다. 미국은 흑인 인권운동의 불씨를 다시 지핀, 미네소타주 미

니애폴리스에서 발생한 조지 플로이드 사건 이후 본격적으로 경찰 개혁을 국가적 과제로 삼고 있다. 강력한 단속보다 인권 중심의 대응이 국민 안전을 더 튼튼히 보장한다는 연구 결과가 주목받고 있다. 실제로 2016-2017년 당시, 박근혜 대통령 탄핵 정국에서 서울경찰청은 기본권 보장을 천명하고 시위대와 소통하며 평화적 분위기를 조성하기 위해 노력했고, 대부분의 집회는 폭력 없이 평화적으로 진행되었다. 결과적으로 이들 대규모 평화 촛불집회는 세계적으로 주목받았으며 노벨평화상 후보로 거론되기도 했다.

독일 헌법 역시 기본권이 입법·행정·사법 모든 국가기관을 구속한다고 명시해, 경찰권 발동의 전 과정이 헌법적 정당성 평가를 받도록 하고 있다. 이들 국가는 경찰이 헌법과 인권을 우선한다는 분명한 기준을 제시할 때 시민의 협력이 뒤따르고, 공동체와의 협력이 강해질수록 치안도 함께 강화된다는 사실을 보여준다.

경찰의 현장 판단의 기준은 헌법

우리 역시 세월호 사태 이후 재난 구조 체계와 국가의 책임을 다시 정의했고, 대통령 탄핵 국면에서 집회·시위 등 표현의 자유를 둘러싼 논쟁 속에서 경찰의 인권 보장 중심 접근이 사회적 갈등을 줄였다는 경험을 축적해 왔다. 분명한 것은 인권을 법 집행의 '장애물'이 아니라 '목적'으로 삼을 때 공권력은 정당성을 얻고 더 강해진다는 사실이다. 헌법 제10조가 규정한 인간의 존엄과 가치, 행복추구권은 경찰의 가장 구체적인 행동 기준이 되어야 한다. 현장의 판단이 헌법 정신에 근거할 때 비로소 경찰은 주권자인 국민을 온전히 마주할 수 있다.

경찰도 이를 모를 리 없다. 그러나 경찰이 헌법적 가치를 실제로 구현하려면 우선 근무 환경을 획기적으로 개선하는 일이 선행돼야 한다. 인력 부족과 과도한 업무량은 간혹 경찰이 더 약한 사람에게 쉽게 권한을 행사하게 만들고, 자신의 판단을 '헌법의 언어'가 아닌 '시간에 쫓긴 선택'으로 왜곡하고 합리화하게 만들기도 한다. 장시간 근무와 만성 피로가 경찰의 과잉 대응 위험을 크게 높인다는 연구 결과는 인력 재배치, 심리 지원, 인권 중심 평가체계 도입을 통해 현장 대응의 질을 높여야 한다는 사실을 강조한다. 경찰이 헌법적 판단을 내릴 수 있도록 근무 환경을 전면 재설계하고 '현장 운용 매뉴얼'을 재정비해야 한다. 더 많이 단속하는 경찰이 아니라 더 헌법적으로 일하는 경찰을 만드는 것이 진정한 경찰 개혁이다.

행정부가 경찰을 감독하는 현재 구조에는 분명한 한계가 있다. 영국과 캐나다는 정부 조직 밖 시민 중심의 외부 조사·감독 체계를 도입해 정치 세력의 단기 이익으로부터 경찰을 보호하는 데 성공했다. 이들 국가는 독립적인 외부 감독기구를 통해 정치적 영향에서 벗어난 경찰 구조를 설계하며 국민의 신뢰를 크게 높였다. 이를 통해 경찰이 정권이 아니라 국민에게 책임지는 제도로 전환했다.

정치적 간섭을 차단하는 장치가 없다면 경찰이 곧 권력의 도구가 된다는 사실을 모르는 국민은 이제 없다. 지금 필요한 것은 경찰을 더 통제하는 새로운 제도가 아니라, 국민에게만 책임지는 경찰을 만들고 그 원칙을 지켜 내기 위한 변화와 경찰혁신이다.

미래의 치안 환경에서도 이러한 기준은 변하지 않는다. 인공지능(AI) 등 첨단 과학기술이 치안의 도구가 될수록 인권 침해 가능성은 훨씬 커질 것으로 예상된다. 유럽연합과 국제기구들은 과학기술을 이용한 시민 감시 강화에 대해 잇달아 경고하고 있다. 이들은 과학기술 도입의 전제조건으로 투명성과 인권 영향 평가 등을 요구한다. 과학기술은 치안을 효율화할 수 있지만, 헌법의 경계선을 넘어서는 순간 국가 전체를 뒤흔드는 또 다른 위험이 된다. 학계와 경찰청은 치안 과학기술을 인간의 존엄을 지키는 방향으로 사용하기 위한 기준을 국민 앞에 분명히 제시해야 한다.

경찰이 미래 세대에도 자부심으로 남으려면

우리는 어떤 경찰을 가진 나라가 될 것인가. 국가가 흔들릴 때 오로지 국민만을 위해 당당히 서는 경찰, 단순한 불법 단속을 넘어 국민의 인권을 지키는 경찰, 정치적 파도 속에서도 오직 헌법을 최후의 행동 기준으로 삼는 경찰이다. 이 길을 선택하는 순간 대한민국 경찰은 과거를 넘어 미래 세대에게도 자부심의 대상이 될 것이다. 헌법에 충성하는 경찰, 그것이 대한민국이 반드시 가져야 할 경찰의 모습이다.

내일신문 칼럼 「신문로」(22면, 2025.12.16.)

내일신문

경찰정책에도 철학이 필요하다

'경찰'이라고 하면 떠오르는 이미지는 무엇일까. 신고를 받고 출동해 범인을 추격·체포하거나 피의자를 수사하는 모습을 떠올렸다면 반은 맞지만 반은 틀렸다. 놀랍게도 대학에서 경찰학을 전공하는 학생들조차 일반 국민의 인식과 크게 다르지 않았다. 이처럼 신고에 반응하는 경찰은 시민 개개인의 신고와 서비스 요구에 얼마나 빠르게 대응하는지를 가장 큰 덕목으로 여기게 된다.

하지만 이런 방식의 경찰 운용은 눈앞의 현안을 신속히 처리하는 데 급급한 사후반응적(Reactive) 대응이라 이미 발생한 범죄 피해를 되돌리지는 못한다. 이러한 경우 사건을 반복해서 낳는 근본 원인을 외면한다는 점이 문제된다. 이렇다 보니 모방범죄 등 비슷한 사건이 반복될수록 시민의 불안과 불만은 커지고, 경찰관들 역시 신고를 기다리며 시간을 보내는 일이 많아지면서 쉽게 지치고 무기력해지기 일쑤다.

의경제도 폐지로 더 많은 경찰 인력을 투입하는 노동집약적 방식의 치안 활동은 더 이상 지속되기 어렵게 되었다. 빠듯한 국가 재정 상황에서 경찰관 수를 무한정 늘릴 수도 없다. 결국 강력한 공권력 확보를 위해 '경찰관 1인 1권총' 정책까지 추진되는 상황이다. 이것보다는 한 차원 더 높이 접근할 필요가 있다. 소위 문제지향적 경찰활동(Problem-Oriented Policing)을 통해 범죄 문제를 보다 근본적으로 정조준할 필요가 있는 것이다.

문제지향적 경찰활동은 범죄나 무질서라는 '증상'에만 대증적으로 대응하기보다 그 '원인'을 찾아 근본적으로 해결하려는 경찰 철학이다. 구멍에서 끝없이 튀어나오는 두더지를 망치로 때려잡는 두더지 게임에서는 결국 망치를 든 사람이 지게 마련이다. 사회 곳곳에서 끊임없이 발생하는 범죄와 무질서에 단지 대응 인력을 투입하는 방식으로만 대처하는 것은 사실상 불가능에 가깝다.

최근 진행 중인 현장경찰 중심의 조직 개편이 이런 대안적 경찰 철학과 연계된다면 정책 효과는 훨씬 더 두터워질 수 있다. 다만 국민 불안을 서둘러 달래려는 단기 목표에 그쳐 '출동 가능한 경찰관 수'만 늘리는 데 머문다면 절반의 성공에 그칠 것이다.

이번 조직 개편의 골자는 지구대·파출소와 112 치안상황실을 통합 운영해 기존의 사건 중심 신속 대응 활동을 강화하려는 데 있는 것으로 보인다. 형사기동대와 기동순찰대를 활용한 특화된 범죄예방 활동을 강화하겠다는 계획도 같은 맥락으로 읽힌다. 이러한 현장 중심 조직 개편이 실제 효과를 내기 위해서는 다른 경찰 기능들도 함께 가세해야 한다. 예를 들어 정보 기능은 피의자·피해자·목격자 등 현안 사건 해결에만 머무르지 말고, 사건 저변에 있는 지역의 근본 문제를 탐지·해결하려는 정책과 전략 수립과도 맞물려 돌아가야 한다.

세상에는 범죄가 한여름 모기처럼 넘쳐난다. 모기가 나타날 때마다 모기약을 뿌리며 이리저리 쫓아다니는 데는 분명 한계가 있다. 물웅덩이를 없애는 등 서식지를 줄여 나가야만 근본적인 대책이 된다. 신고를 받고 출동하는 전통적 운영 방식은 오히려 범죄자와 범죄 피해자를 계속해서 양산하는 결과를 낳는다. 현장에

신속히 출동해 범인을 체포하고 처벌을 위해 증거를 모으는 데만 치중하고, 사건의 근본 원인에 대한 대안을 찾지 않는다면 공동체는 다람쥐 쳇바퀴 돌 듯 범죄와 무질서의 '오징어 게임' 속을 맴돌 수밖에 없다.

지금까지 시민 신고에 대한 대증적 조치에 머물렀다면 이제는 출동 요청의 배경이 되는 지역사회 문제를 파악하고 이를 근본적으로 해결할 대안을 찾는 것이 경찰의 역할이 되어야 한다. 경찰 조직과 이를 둘러싼 '경찰 생태계'는 이미 크게 달라졌다. 우리 사회는 비교적 양호한 치안 여건을 자랑하지만, 범죄 발생은 여전히 가장 큰 불안 요인으로 지적된다. 불안한 국민의 절박한 요구에 당장 눈에 보이는 대안을 내놓아야 하는 상황을 이해하지 못할 바는 아니다.

그러나 스스로 치안 전문가라 여기는 경찰 지휘부와 경찰 정책 담당자들만큼은 중장기적 안목과 철학으로 국회와 정부를 적극적으로 설득하는 진심과 열정을 보여야 할 것이다.

중도일보 칼럼 「프리즘」(19면, 2023.9.20.)

창간 74주년 중도일보

순(巡)은 있는데, 찰(察)은 없었다

경찰이 그동안 파출소를 통폐합해 운영해 오던 순찰지구대 편제를 바꾸어, 동네 파출소를 다시 부활시키려는 움직임을 보이고 있다. 순찰지구대 제도는 2003년부터 본격 시행된 지역경찰제로, 파출소에 흩어져 있던 경찰력을 통합 운영해 현장 대응 능력을 높이려는 데 목적이 있었다. 이 제도가 도입되면서 이른바 인력이 적은 '골목길 파출소'들은 하나둘 사라져 갔다.

그러나 순찰지구대를 도입한 취지와 달리 시행 과정에서는 순찰지구대 제도의 역기능도 뚜렷하게 드러났다. 골목길에 있던 파출소가 대로변 지구대로 흡수·통합된 뒤 시민과 경찰의 거리는 더 멀어졌다. 현장을 순찰하는 경찰관들 사이에서는 "순(巡)은 있는데 찰(察)은 없다"는 자조 섞인 말까지 나올 지경이 되었다. 순찰차를 타고 관내를 기계적으로 돌기는 하지만, 제대로 된 범죄예방 활동은 이루어지지 못한다는 뜻이다.

필자는 경찰 인력을 집중시키고 기동력을 중시하는 순찰지구대 개념이, 국토가 넓은 미국 경찰의 순찰 전략에서 비롯된 것으로 안다. 그렇기 때문에 우리 현실에는 잘 맞지는 않는다. 오히려 요즘 미국에서도 한국의 파출소나 일본의 고반(交番) 시스템을 벤치마킹해 '지역사회 경찰활동(Community Policing)'을 강조하는 흐름이 나타나고 있다.

그렇다면 순찰지구대 제도는 어쩌면 세계적 흐름을 거슬러 온 셈이다. 우리 경찰은 앞으로 지역 주민과 얼마나 밀착해 그들의 안전을 지킬 수 있을지에 최우선 관심을 두어야 한다. 요즘 경찰이 '경찰은 시민과 3분 거리 안에 있습니다'라고 홍보하지만, 이 구호부터 다시 생각해 볼 때다. 신고를 받고서야 뛰어가는 경찰이 아니라, 늘 곁에서 주민을 지키는 경찰이어야 한다.

지난해 촛불집회 국면에서 경찰이 공격받은 것은, 경찰 스스로 무엇이 부족했는지 돌아볼 계기가 아니었는지 반성해 볼 일이다. 더 이상 창밖만 서성이는 민생치안은 없어져야 한다.

조선일보 오피니언 편집자에게 (2009. 9. 12) A35면

朝鮮日報

'경찰의 날'에 그려보는 우리들의 자화상

지난 21일은 '경찰의 날'이었다. 이날만큼은 경찰관들의 노고와 헌신에 감사하는 축하와 격려로 하루가 채워졌다. 시민과 경찰이 서로의 존재를 다시 한 번 되새긴 뜻깊은 시간이었다. 그동안 밤낮 없이 국민 곁을 지켜 온 경찰에게 작은 위안이라도 되었기를 바란다. 기념식에 참석한 윤석열 대통령이 이날 오후 다시 언급했듯, 고(故) 이재현 경장을 포함한 네 명의 경찰 영웅 유가족에게 수여된 '경찰영웅패'는 이들의 헌신과 희생이 시간이 흘러도 잊히지 않을 것임을 상징적으로 보여 주었다.

인류가 인공지능이라는 혁신적 기술을 발전시키고 있는 오늘날에도 우리는 여전히 인간 본성에 대한 의문 속에서 생각의 심연에 잠기곤 한다. 인간 본성을 탐구하는 과정에서 사람들은 그 본성을 상징하는 '얼굴'에 더 깊이 시선을 모으게 된다. 외계인을 아무리 다르게 상상해도 눈 · 코 · 입이 있는 인간의 형상에서 크게 벗어나지 못했듯, 인류가 이룬 수많은 성과에도 불구하고 시대를 관통하는 가치인 인권의 구현은 여전히 해결되지 않은 아픈 과제로 남아 있다.

법 집행자를 넘어 인권을 존중하는 존재로

특히 올해는 1991년 치안본부가 경찰청으로 개편된 지 33년이 되는 해다. 그동안 경찰은 시민의 안전을 지키고 법과 원칙을 공정하게 집행하기 위해 꾸준히 노력해 왔다. 그러나 팔순을 앞둔 경찰의 우편함에는 단순한 법 집행자에 머물지 말고, 국가를 대표하는 공권력으로서 시민의 기본권을 더욱 촘촘히 보호하라는 요구가 빼곡히 쌓여 있다. 이러한 요구는 경찰의 존재 의미와 직결되는 가장 본질적인 과제다.

경찰의 인권 수호 의지는 국가 권력의 정당성을 가늠하게 하는 중요한 지표다. 경찰은 시민이 막연한 국가 권력의 실체를 피부로 느끼게 해 주는 가장 구체적인 존재다. 그래서 현장 경찰의 표정 하나하나에는 대한민국의 위상과 공권력의 현재 모습이 고스란히 담겨 있다고 본다.

대한민국 헌법 제34조는 국가의 국민 보호 의무를 규정하고 있지만, 여전히 많은 국민이 국가 권력에 의해 인권을 침해당하는 경험을 하고 있다. 유치장의 열악한 환경, 미흡한 수사, 편파 수사, 그리고 장애인·미성년자·노인 등 사회적 약자에 대한 불공정한 대우는 여전히 심각한 문제로 지적되고 있다.

국가인권위원회의 최근 경찰 관련 결정례에서는 고문이나 가혹행위 같은 유형의 중대한 인권 침해 사례는 좀처럼 찾아보기 어렵다. 그러나 다양한 배경을 지닌 피의자와 피해자에게 한층 더 섬세하게 다가가야 한다는 요구는 여전히 계속되고 있다. 발달장애인 조사는 전담 경찰관에게 맡기고, 체포된 피의자의 수갑 찬 모습이 노출되지 않도록 인격권을 보호하라는 권고도 이어지고 있다. 이러한 변화는 경찰이 단순한 법 집행자를 넘어, 한 단계 더 나아가 인권을 존중하는 존재로 거듭나기를 바라는 사회적 요구가 반영된 결과라 할 수 있다.

얼굴을 그리는 일은 한 실존적 주체를 구체적인 모양과 색으로 드러내는 과정이다. 자화상은 특정 인물을 사실적으로 그리면서도, 그 사람의 여러 면모를 살리거나 감추는 이중적 성격을 지닌다. 우리가 기억하고 바라는 경찰의 이미지는 이런 모호함에 대한 성찰에서 비롯된다. 수십 년이 지난 지금도 경찰 영웅을 찾아 기리는 이유는, 그들의 헌신과 희생이 과거의 유물이 아니라 오늘의 올바른 경찰 정신으로 살아 있어야 함을 되새기기 위해서다. 그들이 보여 준 국민에 대한 충심은 경찰과 시민 모두에게 오래 기억될 소중한 경험이자 가치로 남아야 한다.

경찰과 시민이 서로를 존중하며 살아갈 미래

제79주년 경찰의 날 기념식에서 우연히 만난, 1995년 순직한 또 다른 경찰 영웅 고 나성주 경사의 어린 딸은 어느새 어엿한 30대 청년으로 성장해 있었다. 이들 유가족을 만나 축하와 함께 위로의 말을 건네며 주변을 다시 바라보게 된다. 깔끔한 제복과 '보이는 미소' 뒤에 숨은 경찰의 고단함과 번민이 어렴풋이 보이는 듯하다. 경찰은 우리와 함께 이 나라의 번영과 자유, 권리를 일구어 온 동료 시민이자 이웃이다.

이제는 경찰과 시민이 서로를 존중하며 살아가는 대한민국을 만들어 가야 할 때다. 경찰이 국민의 안전과 기본권을 지키고, 시민이 경찰을 신뢰하고 지지하는 건강한 관계가 자리 잡을 때 우리는 더 안전하고 자유롭고 번영된 나라에서 행복한 삶을 함께 누릴 수 있을 것이다.

내일신문 칼럼 「신문로」(22면, 2024.10.24.)

내일신문

경찰 제복의 무게는 엄하고도 중하다

최근 현장에 출동한 경찰관이 흉기 난동 현장을 이탈해 피신한 사건으로 경찰에 대한 국민의 신뢰가 흔들리고 있다. 그 대책으로 일부 신임 경찰을 대상으로 무기와 장구 사용을 재교육하자는 방안이 제시되기도 했다. 그러나 유사 사건의 재발을 막으려면 경찰관 채용에서부터 교육·훈련 시스템 전반을 근본적으로 다시 점검해야 한다.

서방 국가에서는 경찰관을 '거리의 판사(Street Judge)'라고 부른다. 긴급한 대치 상황에서 현장에서 즉각적이고 종합적인 판단을 내리고 한 치의 망설임도 없이 행동으로 옮겨야 한다는 뜻이다. 치안 현장에서는 논리적 사고보다 즉각적인 신체 반응이 요구되는 순간도 빈번하다. 이번 사건에서는 신임 순경은 물론 20년 경력의 경위까지도 속수무책이었다. 그래서 보다 다양한 방식의 신규 인력 선발과 함께 극단적 상황을 전제한 지속적인 교육 · 훈련이 중요하게 되었다.

1969년 경찰공무원임용령 제정 이후 우수한 경찰관을 채용하기 위한 체계적 · 과학적 평가 방법이 꾸준히 시도돼 왔다. 현장 경찰을 뽑는 순경 공개경쟁시험은 신체검사, 체력검사, 필기시험, 종합적성검사, 면접시험의 5단계를 거친다. 현재 필기시험이 50점을 차지하지만 신체 · 체력 · 적성검사(25점)와 면접시험(25점)의 점수 차이는 크게 나지 않는다. 사실상 객관식 필기 성적이 합격 여부를 좌우하는 구조다.

노량진 등 공무원 시험을 준비하는 학원가에는 이른바 '공시족'이 3~5년, 길게는 그 이상 객관식 문제 풀이에 매달리며 고시원과 학원에 모든 시간을 쏟아붓고 있다. 문제는 이들 중 상당수가 안정적인 일자리에 급급한 열망을 '경찰공무원이 되어 국민에 봉사하고자 하는 소명의식'과 혼동하는 경향이 많다는 점이다.

경찰공무원의 근무환경은 일반 행정직 공무원과는 전혀 다르다. 밤과 낮이 바뀌는 교대 근무는 엄청난 체력과 강한 정신력을 요구한다. 현장 경찰이 겪는 공권력에 대한 조롱, 경찰을 향한 인격모독과 폭행은 이미

도를 한참 넘었다. 그럼에도 해마다 평균 5,000여 명 규모의 경찰공무원 채용은, 유사한 과목을 준비하던 타 직렬 수험생들에게 힘든 수험생활을 벗어나기 위한 또 다른 출구로 작용해 왔다.

경찰관에게 가장 중요한 덕목은 경찰직에 대한 소명의식과 직업의식이다. 하지만 법 과목 중심의 객관식 시험에 매달려 있는 수험생에게 이런 자질을 요구하기도 어렵고, 이를 제대로 평가하기는 쉽지 않다. 경찰 시험에 별도의 자격요건을 더해 '준비된 수험생' 가운데에서 엄선할 필요가 있다. 일정 시간 이상의 사회봉사 실적을 요구하는 것도 하나의 방법이 될 수 있다. 이는 '공무원이기만 하면 된다'라며 여러 시험을 넘나들거나, 임용 후에도 지구대 · 파출소 근무는 피하고 기동대나 시·도경찰청 등 내근 부서만 선호하는 지원자를 걸러내는 데에도 효과가 있을 것이다. 경찰관 선발 단계에서 공공봉사에 대한 동기를 한층 더 엄격히 검증해야 한다.

이런 관점에서 이제는 대학의 경찰학 전공자 선발 비중을 늘리는 방안을 적극 검토해야 할 때다. 4년제 대학에 개설된 경찰 관련 학과만 해도 50개에 이른다. 전문대와 대학원을 합치면 관련 학과는 190여 개에 달한다. 수시 전형 경쟁률도 각 대학에서 손꼽히게 높다. 그러나 이들 전공 학생을 대상으로 한 '경찰행정학 전공자 경력채용' 특별 선발 인원은 전체의 약 3%인 180여 명에 불과하다.

이는 국방부가 대학에 군사학과·부사관학과를 계약학과로 두고 장기간 체계적으로 인력을 양성·수급하는 방식과 대조적이다. 경찰학 전공자는 경찰학과 법학은 물론 범죄학, 범죄심리학, 무도, 경찰수사론 등 실무에 필요한 학문을 두루 익혀 사건 현장에서 보다 종합적인 대응이 가능하다.

경찰 조직은 공동체에 헌신하고 현장에 강한 구성원으로 다시 채워져야 한다. 이번 사건을 계기로 현장 경찰관의 대응 역량을 높이고, 무너진 공권력을 다시 세우는 변곡점을 만들어야 한다. 이제부터라도 무기와 장구의 선택과 사용 여부에 대한 신속한 결정은 전문적 직업 역량을 갖춘 현장 경찰관에게 믿고 맡겨야 한다. 이번 사건은 현장 경찰관을 몰아세우며 '맞기만 하는 경찰'로 만든 그간의 우리 사회 분위기와도 결코 무관하지 않다. 국가 공권력을 상징하는 제복의 무게를 온전히 감당할 믿음직한 경찰을 곁에 두고 싶다면, 우리 사회의 경찰에 대한 인식부터 바뀌어야 한다.

중도일보 칼럼 「프리즘」(19면, 2021.11.30)

믿음직한 경찰과 당당한 법집행

경찰이 하는 일과 국민에게 행사하는 모든 권한은 빠짐없이 국민의 뜻이 반영된 법률에 근거하고 있다. 그 가운데 하나가 『경찰관직무집행법』이다. 이 법은 전쟁 직후인 1953년 일본의 같은 이름의 법을 거의 그대로 베끼는 수준으로 제정됐다. 이후 1981년에 현실에 맞게 전면 개정되었지만, '인권 보호'를 이유로 경찰의 적극적인 권한 행사를 겹겹이 제한하는 조항들은 고스란히 유지됐다. 이는 1980년대 당시의 정치 · 경제 상황과 경찰에 대한 인식과 이에 기반한 위상이 반영된 결과로 보인다.

문민정부 이후 경찰 쇄신 의지와 치안을 복지 차원에서 보장해 주기를 바라는 국민의 염원을 담아, 가정폭력·학교폭력·성폭력은 물론 아동·청소년·여성·노인·장애인 등 사회적 약자 보호 업무까지 경찰의 사무 영역은 확장을 거듭해 왔다. 이제 2020년대를 살아가는 대다수 국민은 이번 층간소음 흉기 난동 사건을 계기로 경찰이 더 정정당당하고 믿음직한 존재가 되기를 바라고 있다.

2020년 10월 서울 양천구 아동학대 사건(정인이 사건)에서 현장 경찰은 세 차례의 아동학대 의심 신고에도 불구하고 분리 조치 등 보호 권한 행사에 주저했다. 현장 경찰이라면 학대 의심 아동을 분리 조치할 경우 친부모가 미성년자 약취나 직권남용으로 고소하거나 국가인권위원회에 진정을 넣을 수 있다는 점을 누구보다 잘 알기 때문이다.

다른 공직과 달리 경찰 업무의 본질은 긴급성과 돌발성, 그리고 위험성에 있다. 골든타임을 놓치면 짧은 한순간의 위험이 평생의 고통으로 이어질 수 있다. 현재 치안 현실을 보면 대다수 국민이 이런 위험에 노출돼 있다. 현장 경찰관이 긴박한 순간에 주저하지 않도록 법과 제도를 서둘러 손봐야 하는 이유다.

이미 소방법은 소방 활동 과정에서 타인이 사상에 이르더라도, 활동이 불가피하고 소방관에게 고의나 중과실이 없으면 형사 책임을 감경할 수 있도록 하고 있다. 법원공무원법 역시 확정판결서 열람·복사 과정에서 개인정보 보호 의무를 위반했더라도 고의나 중과실이 없으면 민·형사상 책임을 지지 않도록 하여 법원공무원을 보호하고 있다.

해외 사례를 보더라도, 미국도 공무원 면책 규정을 두어, 명백한 권리 침해와 같은 예외적 경우가 아니면 직무 수행과 관련해 소송 대상이 되지 않도록 하고 있다. 호주 캔버라의 주취자 보호법은 보호자나 관리자로서 선의에 따라 한 행위에 대해서는 어떠한 소추나 재판, 불이익한 절차도 강제할 수 없도록 규정하고 있다.

이러한 맥락에서 2013년 도입된 경찰관직무집행법상의 손실보상 규정은 매우 획기적이었다. 경찰관의 적법한 직무집행으로 국민의 생명·신체나 재산에 손실이 발생하면 국가가 이를 보상하도록 한 것이다. 이후 이 제도는 현장 경찰관의 적극적 직무 수행에 상당한 긍정적 효과를 가져왔다. 그러나 이것은 피해를 입은 국민을 보호하는 장치일 뿐, 현장 경찰관은 여전히 해마다 100건이 넘는 악의적 고소·고발에 무방비로 노출돼 있다.

그동안 우리 사회는 소수 범법자의 인권침해를 막는 데만 지나치게 몰두한 나머지, 정작 다수 국민과 범죄 피해자를 보호하는 일에는 소홀했다. 선진국다운 지속

가능한 창의와 혁신도 결국 안전과 질서라는 든든한 토대 위에서만 가능하다. 『경찰관직무집행법』에 형사 책임 감면의 여지를 두는 것은 경찰뿐 아니라 결국은 다수 국민을 더 두텁게 보호하는 길이다. 경찰 역시 마땅히 보호받아야 할 국민이다.

아시아경제, 「톺아보기」 (31면, 2021.12.10.)

아시아경제

경찰개혁,
시도경찰청장 중심의 분권화로

이재명 정부는 출범 초기부터 '진짜 성장'을 내세우고 있다. 이는 수도권에만 집중된 일극적 성장 대신, 지역과 국민이 함께 나누는 실질적이고 균형 잡힌 분권형 경제체제를 뜻한다. 그 배경에는 산업화 시기 성장의 성과가 서울과 수도권에 집중된 한계를 극복하고, 지역의 희생과 침체, 나아가 소멸 위기까지 내몰린 지방정부의 현실을 직시하는 과정에서 비롯된 문제의식이 깔려 있다. 자치분권과 균형발전은 단지 예산을 더 내려보내는 문제가 아니다. 권력구조와 행정 시스템, 의사결정의 중심을 수도권에서 지방으로 얼마나 옮길 것인가에 대한 근본적 질문이다.

치안도 역시 마찬가지다. '진짜 대한민국'을 향한 경찰개혁은 지방정부가 지역 주민에게 필요한 경찰 서비스를 스스로 결정하고 지체 없이 제때 집행할 수 있도록 패러다임을 바꾸는 일이다. 이런 맥락에서 2021년 자치경찰제의 전면 시행은 중요한 변화를 알리는 출발점이었다. 자치경찰제는 중앙집권적 경찰 체제를 넘어, 지역 주민의 일상에 밀착한 치안 시스템을 만들려는 시도이다. 현재 17개 시·도에 설치된 시도자치경찰위원회는 경찰청장이 가진 일부 권한을 넘겨받아, 시도경찰청장을 통해 지역의 자치경찰 사무를 지휘·감독하고 있다.

무엇보다 지방경찰청이 '시도경찰청'으로 기관 명칭이 바뀐 것은 단순한 간판 교체가 아니라, 경찰권의 무게 중심이 지역으로 옮겨가고 있음을 상징적으로 보여준다.

경찰 서비스는 주민 스스로 결정하고 집행해야

이들 시도경찰청장은 『경찰법』에 따라 경찰청장(국가경찰 사무), 자치경찰위원회(자치경찰 사무), 국가수사본부장(수사 사무)의 지휘를 동시에 받는다. 이는 과거처럼 전국의 모든 경찰이 경찰청장 한 곳으로만 이어지던 단선형 지휘 체계를 벗어나, 지역성과 전문성을 축으로 다양한 지휘권이 견제와 균형을 이루는 구조다. 따라서 이제부터는 시도경찰청장에게도 주민 주권의 관점도 갖춘 새로운 리더십이 필요해졌다.

자치경찰제가 뿌리내리기 위한 핵심 과제는 국가경찰과 자치경찰 간 사무를 어떻게 나눌 것인가이다. 무엇보다도 인력·장비·사무공간 등 핵심 자원을 어떻게 나누고 관리할지에 대한 합의는 매우 어렵다. 설령 합의에 이르더라도 점진적 제도개선 과정에서 분리로 인한 혼란과 업무 중복 및 업무 공백이 되풀이될 위험이 크다. 그 모든 부작용은 결국 국민의 부담으로 돌아온다.

지금이야말로 이재명 정부의 개혁 의지가 절실히 필요한 시점이다. 결국에는 갈 길이다. 해법은 시도경찰청 이하 모든 경찰관서를 과감하게 지방정부로 이양하는 데 있다.

이는 '분권(Power Sharing)'을 실천하겠다는 대통령의 결단 없이는 불가능하다. 이 조치는 지방정부가 치안의 주체로서 실질적이고 온전한 자율성과 책임을 갖도록 하는 가장 중요한 발판이 될 것이다.

그러나 현실의 벽은 낮지 않다. 촘촘하게 얽힌 관련 법규들이 자치경찰의 권한을 곳곳에서 제한하고 있다. 손발을 꽁꽁 묶어두고 있다. 경찰청장이 주도하는 '치안 종합성과 평가계획'은 시도자치경찰위원회에 부여된 경찰서장에 대해 일부 허용된 평가 권한을 사실상 무력화하고 있다. 이에 따르면 경찰서장의 자치경찰 사무에 대한 평가 점수 배점은 100점 중 고작 2점에 그친다. 시도자치경찰위원회가 관내 경찰서장을 통하여 자치경찰 사무를 공고히 할 지휘 환경 자체가 마련되지 못한 것이다. 이는 시도자치경찰위원회의 역할 수행을 가로막는 수많은 장애물 가운데 하나에 불과하다.

정권 교체 이후 다시 검찰개혁에 무게가 실리면서, 경찰개혁이 미완으로 남을 것이라는 우려가 커지고 있다. 경찰개혁이 뒤로 밀리면 자치경찰 실질화를 통해 지방을 살릴 수 있는 중요한 정책 카드를 스스로 포기하는 셈이 될 수 있다. 시도경찰청은 더 이상 단순한 경찰청의 하부 지방조직이 아니다. 자치경찰의 중심축 역할을 할 수 있도록 경찰조직 구조는 물론 실제 운영도 과감하게 바뀌어야 한다.

결론은 시도경찰청 이하 모든 경찰관서를 자치경찰 조직으로 전환하는 '연방제 수준의 자치경찰제' 개혁을 실시하는 것이다. 이를 통해 국가경찰과 자치경찰로 조직과 사무를 나누면서 생기는 업무 중복과 공백을 줄이고, 자치경찰 조직 설치에 따른 고위직 증원과 사무공간 확충에 드는 비용을 아껴야 한다. 결국 가야 할 길이라면 돌아갈 이유 없이 곧장 가야 한다.

'연방제 수준 자치경찰제' 개혁 필요

상상을 훌쩍 뛰어넘는 과감한 혁신으로 지방의 자율성과 책임을 강화하는 것이야말로 '진짜 대한민국'을 향한 첫걸음이 될 것이다. 그 방향은 '더 강한 경찰'이 아니라 '더 책임 있는 경찰', 더 많은 권한이 아니라 더 균형 잡힌 권력구조다. 실질적인 자치경찰제가 자리 잡는 순간이 곧 대한민국 경찰의 '진짜 성장'이 될 것이다. 시도경찰청장의 역할을 새로 정의하고 인식하는 일은 이재명 정부 국정과제의 상상력을 실질적으로 제도화하는 중요한 교두보가 될 것이다.

내일신문 칼럼 「신문로」 (22면, 2025.6.23.)

내일신문

불법계엄으로 봉쇄당했던 국회, 국회경찰대를 창설하자

반헌법적인 12.3 비상계엄 선포 끝에 국회의장과 제1야당 대표가 국회 담장을 넘는 초유의 상황이 벌어졌다. 국가비상사태를 자의적으로 초래한 대통령을 헌법재판소가 탄핵하는 것으로 일단락됐지만, 대한민국 민주주의의 기초인 입법부의 독립성과 자율성을 심각하게 위협한 사건이었다. 더구나 국회 경호를 맡은 국회경비대가 계엄 해제 의결을 위해 모인 의원들의 출입을 가로막고, '문을 열라'라는 국회의장의 요구까지 묵살한 일은 도저히 그냥 넘길 수 없다.

이 사건으로 회기 중 회의장과 그 주변에서 주로 이루어지던 기존 국회 경호·경비 체제를 포함하여 『국회법』의 관련 조항을 대폭 손질하는 일은 피할 수 없게 됐다. 국회 출입문과 울타리 등 외곽경비를 행정부 소속 경찰관으로 이루어진 국회경비대에 맡겨 온 방식으로는, 헌법기관인 국회의 권한을 물리적으로나 기능적으로 온전히 국회 스스로 지킬 수 없다는 사실을 뼈아프게 확인했기 때문이다.

현재 국회의 경호·경비 체계는 이른바 '3선 방어' 개념을 따른다. 첫 번째 경호구역은 국회 경위가 맡아 본회의·위원회 회의장의 질서를 유지하고 방청·참관의 안전을 책임진다. 두 번째 구역에서는 국회 내 주요 건물의 방호와 경비, 청사 출입 관리 업무로 방호직이 맡고 있다. 세 번째 구역에서는 국회 외곽과 출입문, 국회의장 공관 경비로 국회경비대가 담당한다.

국회 경호 이원적 지휘체계 가진 취약성 드러내

하지만 국회경비대는 파견 형식으로 행정부 지휘를 받아 왔다. 국회의장과 서울경찰청장이 함께 관여하는 이원적 지휘 체계는 이번 사태에서 한계를 여실히 드러냈다. 이처럼 입법부와 행정부가 정면으로 충돌하는 상황에서는, 국회 스스로 기본 질서유지를 전담할 조직을 두어야 한다는 요구가 제기될 수밖에 없다.

미국의 사례를 살펴보자. 미국 연방의회는 1828년부터 자체 경찰력을 운영해 왔다. 일찍이 연방의회경찰(USCP, United States Capitol Police)을 창설해 의회를 지키도록 한 것이다. 2021년 1월 6일에는 도널드 트럼프 전 대통령을 지지하는 폭도들이 차기 대통령 당선인 조 바이든의 인준을 막겠다며 연방의회를 점거하는 사태가 벌어졌다. 이 사건은 의회의 안전에 대한 우려를 한층 더 키웠다.

이 사건을 계기로 연방의회는 정보국까지 신설해 최신 위협 정보를 수집·평가하고 대응 체계를 강화했다. 2024년까지 연간 위협평가 건수는 8,000건을 훌쩍 넘어섰다. 현재 미 연방의회 방호는 2,400여 명의 의회 경찰관이 전담하고 있다. 이들은 535명의 상·하원 의원을 경호하며 의회를 향한 외부 압력을 최소화하고 있다.

독일의 경우 기본법에 "연방의회 의장은 의회 내에서 가택권과 경찰권을 행사하며, 의장의 허가 없이 수색이나 압수는 허용되지 않는다"라고 명시하고 있다. 즉, 의회 의장에게 의회 기능을 지키기 위한 권한을 법률이 아닌 헌법 차원에서 보장하고 있는 셈이다.

대한민국 국회는 국민과 민주주의를 대표하는 헌법기관이자 민의를 반영하는 '열린 공간'이라는 상징성을 지닌다. 이처럼 개방성이 크고 민원이 늘어나는 만큼 경비와 보안 측면에서 취약성이 커질 수밖에 없는 곳이기도 하다. 12.3 비상계엄 사태처럼 '열린 국회'라는 속성 때문에 헌법이 부여한 권한과 평온이 무너질 뻔한 상황을 뼈저리게 겪은 이상, 국회 경비·경호 시스템 강화는 더 이상 미룰 수 없는 과제가 됐다.

제22대 국회에는 이번 사태를 계기로 '국회경찰대' 설치 등을 핵심으로 하는 국회법 개정안들이 이미 다수 발의돼 있다. 이런 상황에서 국회가 독립적이고 실효성 있는 경찰력을 갖추겠다는 노력을 반대하고 나설 국민은 거의 없을 것이다.

국회 경찰권 확립 미룰 수 없는 현안

미국과 독일의 사례에서 보듯, 현대 의회가 제 역할을 하려면 자주적인 경호·경비 체계를 갖추는 것이 필수적이다. 그래야 주권자인 국민의 대의기관으로서 부여된 임무를 온전히 수행할 수 있다. 이번 사태를 계기로 가칭 '국회경찰대(Assembly Police)'를 창설해 국회의 독립성과 안전을 담보할 실질적 수단을 마련해야 한다.

이는 국회라는 물리적 공간의 안전을 넘어, 국회가 헌법상 기능을 제대로 수행할 토대를 다지는 중요한 조치가 될 것이다. 더 이상 국회 경찰권 확립을 뒤로 미뤄서는 안 된다.

내일신문 칼럼 「신문로」(22면, 2025.4.9.)

내일신문

무기력한 국가경찰위원회, 12.3 내란사태 때 뭐했나

경찰청장과 서울경찰청장이 구속되고 국가수사본부장까지 수사선상에 오른 상황에서, 경찰 최고 지휘부가 줄줄이 사법심사를 받는 동안 국가경찰위원회가 여전히 침묵으로 일관하는 것은 더 이상 지나치기 어렵다. 경찰의 독립성과 정치적 중립, 민주적 운영을 보장하고 권한 남용을 막기 위해 존재하는 기구로서 과연 무엇을 하고 있는지 묻지 않을 수 없다. 지금의 상황을 제대로 인식하고나 있는지 되묻고 싶다.

경찰에 대한 신뢰가 크게 흔들린 이 시점에 국민과 14만 경찰이 바라는 것은, 신뢰 회복을 위한 분명한 입장 표명과 과거와 결별하고 새로워지려는 의지를 보여 주는 것이다.

국가경찰위원회는 1991년 제정된 '경찰법'에 따라 설치된 합의제 행정기관으로, 경찰 행정을 심의·의결하는 중요한 기구다. 당시 보조기관에 머물던 내무부 치안본부를 '경찰청'으로 독립시킬 때, 정치적 외풍에 더 이상 흔들리지 말고 독자성과 책임성을 갖추며 경찰 운영의 민주성과 공정성을 확보하라는 입법자의 뜻에 따라 경찰청과 나란히 출발한 경찰의 후견인이자 울타리였다.

하지만 지금까지 국가경찰위원회는 법에 보장된 권한을 적극 행사하기보다, 경찰행정 전반을 사실상 경찰청장에게 맡기고 곁에서 지켜보는 수준의 자문기구로 스스로의 역할과 지위를 애써 축소해 왔다. 이번 비상계엄 사태에서 경찰청장이 대통령 등 외부의 부당·불법한 압력에 직면했을 때, 그를 법 밖의 행위로부터 지켜 세우지 못한 책임에서 국가경찰위원회가 완전히 자유롭다고 보기는 어렵다.

대통령이 임명하는 구성 방식부터 문제

최근 경찰 권한은 검경 수사권 조정과 대공수사권 이관을 통해 비약적으로 커졌다. 그만큼 정치권 등 외부에서 경찰을 향한 압력도 더 거세질 것이 뻔했다. 그래서 이를 막아 줄 국가경찰위원회의 중요성과 존재감은 더 커질 수밖에 없었다. 더 거센 외풍을 막고 커진 경찰권의 남용을 견제하기 위해, 국가경찰위원회의 역할과 운영 시스템도 보다 신속하고 정교하게 다듬었어야 했다. 그러나 현실은 그렇지 못했다.

어쩌면 국가경찰위원회가 지금처럼 무기력한 모습을 보여 왔기에, 12월 3일 밤 대통령의 지시를 받고 안가를 나서던 경찰청장의 심리적 갈등과 고독 속에는 국가경찰위원회라는 존재 자체가 떠오르지 않았을지도 모른다.

근본적인 문제는 국가경찰위원회의 구성 방식에 있다. 위원 전원이 행정안전부 장관의 제청으로 국무총리를 거쳐 대통령이 임명하는 구조다. 이런 방식은 특정 권력의 무언의 영향력에서 자유롭기 어렵고, 위원회의 독립성과 중립성을 흔들 소지가 크다. 특히 진영정치가 심화된 상황에서 정부는 자신들의 입장을 대변할 인사를 위원으로 앉혀 정치적 이해에 따라 경찰을 움직이려는 모습을 보여 왔다.

실제로 정권이 바뀔 때마다 새 정부는 전 정부가 꾸린 국가경찰위원회를 무시하거나 '패싱'하며 편법 운영으로 경찰행정을 어지럽혀 왔다. 이는 국가경찰위원회가 본래 역할을 제대로 하지 못하게 만든 가장 큰 요인이었다.

이제라도 국가경찰위원회 구성에서 행정부 편향을 줄이도록 틀을 고쳐야 한다. 지금 비상임인 위원장은 다른 위원 1인과 함께 상임으로 전환하고, 나머지 5명은 국회 교섭단체가 합의·추천해 국회의장이 지명한 인사를 대통령이 임명하는 등 선임 방식을 다변화할 필요가 있다. 이렇게 하면 위원회의 독립성을 높이고 다양한 배경의 인물이 참여할 수 있어, 경찰의 정치적 중립성과 민주적 가치를 실현하는 데에도 도움이 될 것이다.

경찰권 확대된 만큼 단순 자문기구로는 곤란

경찰권이 크게 확장된 지금, 국가경찰위원회는 더 이상 과거 '경찰위원회'처럼 단순 자문기구에 머물러서는 안 된다. 국민은 경찰이 공정하고 민주적으로 운영되기를 바란다. 이제 국가경찰위원회는 무기력한 모습을 털어내고, 경찰권이 올바르게 행사되도록 감시하며 필요할 때는 경찰을 지켜줄 수 있는 기구로 거듭나야 한다. 그렇지 않다면 경찰의 민주적 운영은 더 멀어지고, 경찰을 향한 국민의 신뢰도 쉽게 회복되기 어려울 것이다.

국가경찰위원회는 이제 존재 이유를 분명히 하고, 경찰 권한을 공정하고 합리적으로 감시하는 독립적·민주적 기구로서 제 역할을 다해야 한다.

내일신문 칼럼 「신문로」(22면, 2024.12.26.)

내일신문

경찰의 책임수사 원년과 민주적 통제

책임수사, 인권경찰의 시험지를 받다

지난 1월 13일 형사소송법 개정안이 국회를 통과하자, 11만 경찰은 "오늘은 독립기념일"이라며 환호했다. 검·경 수사권 조정은 경찰의 자존심이 걸린 과제였고, 이를 위해 모든 경찰관서와 각 기능이 힘을 모아 성과를 이뤄냈기에 이런 표현도 지나치다고만 보기는 어려워 보인다. 그동안 경찰은 수사기관임에도 독자적으로 수사하지 못했을 뿐 아니라, 형사사건의 95% 이상을 사실상 떠맡아 처리하면서도 하나부터 열까지 검찰의 수사지휘를 받아야 했다. 이처럼 오랜 숙원을 비로소 풀게 되었으니, 충분히 축하받을 만한 일이다.

아쉬운 점은, 이번 변화가 문재인 정부의 권력기관 개혁과 검찰개혁이라는 큰 흐름 속에서 마련된 결과이지, 경찰의 인권 수호 의지와 수사 능력, 그리고 국민적 신뢰를 바탕으로 스스로 이뤄낸 성과라고 보기는 어렵다는 데 있다. 오히려 수사권의 독립으로, 그동안 검찰 지휘에 가려져 보이지 않던 경찰 수사의 문제점들이 그대로 드러나는 시련의 시간이 펼쳐질 수도 있다. 따라서 책임수사 원년부터 수사 전문성과 인권보호 기관으로서의 능력, 그리고 그에 대한 자신감을 분명하게 보여줄 필요가 있다.

혹여 앞으로도 '버닝썬 사건'과 같은 일이 경찰 조직 안에서 되풀이된다면, 중앙 권력의 외압이나 지방 토호 세력, 범죄 조직과 결탁해 비리를 감춰줬다거나 늑장 수사를 한다는 의혹과 함께 경찰 전체를 뒤흔들 정도의 거센 국민적 비난을 피하기 어려울 것이다. 수사권 독립의 감격을 느끼는 한편, 언제든 날 선 작두 위를 걷는 심정으로 신발 끈을 바짝 동여매는 긴장감까지 함께 가져야 비로소 제대로 된 국민의 경찰이라 할 수 있다.

책임 수사의 본질은 "수사는 경찰이 하고 기소는 검찰이 한다"라는 한마디로 요약된다. 먼저 과거처럼 이중 조사를 받으며 몸과 마음 모두 큰 부담을 짊어져야 했던 피의자의 일상이 이제는 완전히 달라져야 한다. 피의자가 수사 과정에 납득하지 못해 이의를 제기하는 일이 없도록, 담당 수사관부터 절차와 관련 설명을 철저히 해 나가는 것이 무엇보다 중요해질 것이다. 피의자가 궁금해하지 않도록 피의자의 심경에서 하나하나 헤아려야 한다. 피의자가 경찰 수사에 동의하지 못해 이의를 제기하면, 경찰은 사건을 검찰로 넘겨야 하기 때문이다.

따라서 과거의 수사 관행에서 완전히 벗어났다는 느낌이 들 만큼, 환골탈태에 가까운 변화된 모습을 보여주어야 한다. 그래야 비로소 경찰 책임수사의 가장 큰 수혜자가 국민이 되도록 하겠다는 약속을 지키는 길이 열린다. 법적·제도적 장치를 통한 민주적 통제는, 강화된 경찰 수사권에 상응하는 장치로서 매우 큰 의미를 갖는다. 과거의 검찰처럼, 경찰 역시 언제든 '권력의 시녀'가 될 수 있다는 국민적 우려를 적극적으로 해소해 나가야 한다. 인권경찰로 다시 태어나기 위해, 경찰은 시험지를 받아 든 수험생의 마음가짐으로 책임수사 원년을 시작해야 한다.

책임수사 원년(元年)의 의미

'책임수사 원년'이라는 말의 의미부터 차분히 되새겨 볼 필요가 있다. 먼저 '책임'이란, "맡아서 반드시 해내야 하는 의무와 임무"를 뜻한다. 경찰은 이제 수사를 "맡아서 반드시 해내야 하는 본연의 임무"로 떠안게 되었다. 폐지된 검사의 수사지휘권은, 이제 수사 개시와 진행을 경찰 스스로의 판단과 책임으로 감당해야 함을 의미한다. 수사권을 잘못 사용했을 때 따르는 법적 불이익이나 제재도, 앞으로는 경찰이 보다 직접적으로 감수해야 한다. 위법 행위를 한 사람에게 부과되는 민사책임이나 형사책임 같은 법적 책임뿐 아니라, 국민적 비난이라는 가장 무거운 심판도 온몸으로 받아내야 하는 시대가 열린 것이다. 예전처럼 "지휘를 받았고 지침대로 했다"라는 말로 본전은 챙기던 시절은 지났다. 이제는 수사 책임에서 도망칠 수 있는 피난처가 사라졌다고 봐야 한다.

'수사'란 범죄 혐의가 있는지 없는지를 밝히기 위해 증거를 모으고, 그 증거를 바탕으로 범인을 찾아내려는 활동이다. 하지만 수사 성과만을 위해 무조건 직진은 곤란하다. 증거를 모으고 범인을 찾는 모든 단계에는, 피의자 보호와 관련된 진술거부권 고지를 비롯해 각종 인신보호 규정을 반드시 지켜야 한다. 이런 절차를 어기면, 그 증거는 적법한 절차에 따르지 않은 것으로서 원칙적으로 유죄 인정의 근거로 삼을 수 없다는 것은 국민적 상식이 되었다. 대법원은 압수·수색과 체포·구속 과정에서의 적법절차와 영장주의는 헌법이 보장한 기본적 인권의 핵심이며, 형사소송법이 정한 구체적 기준 역시 굳건히 지켜져야 한다는 입장을 분명히 해 왔다.

결국 책임수사 원년이란, 경찰이 실체적 진실을 독립적으로 규명하고 인권보호의 수호자로서 스스로 책임을 지고 수사하는 첫해를 뜻한다. 동시에 그동안 비판을 받아 온 부실수사·불법수사의 관행을 끊고, 새로운 출발선에 서는 해이기도 하다.

미스트롯과 승리의 여신 니케(Nike)

대한민국을 트롯 열풍으로 이끈 TV조선 '내일은 미스터트롯'의 우승자 임영웅의 왼쪽 뺨에는, 어린 시절 크게 다치며 생긴 흉터가 나이키 로고처럼 남아 있다. 어릴 적 넘어져 30바늘을 꿰매야 할 정도로 크게 다쳤고, 그 결과 남은 흉터는 오랫동안 지우기 힘든 콤플렉스였다고 한다. 그러나 그는 '미스터트롯' 무대를 계기로 이 콤플렉스를 오히려 자신의 스토리텔링으로 승화시키며 극복하게 되었다고 고백했다. 그가 콤플렉스를 이겨낼 수 있었던 비결로 꼽은 것은 "많은 국민이 자신을 감싸주고 좋아해 주었기 때문"이라는 말 한마디였다. 단순히 경연에서 우승했기 때문만이 아니라, 몸의 상처 때문에 생긴 마음의 상처가 주변의 인정과 사랑으로 충분히 치유되었기 때문이라는 의미다.

그는 이제 자신의 콤플렉스를 두고 "내 얼굴에는 나이키(Nike)가 있다"고 웃으며 말할 수 있게 되었고, 그런 신념과 용기가 그리스 신화 속 승리의 여신 니케(Nike)의 미소를 스스로의 얼굴에 되찾게 해 주었다. 사실 그의 얼굴은 트롯 경연에 나서기 전이나 지금이나 크게 달라지지 않았다. 외모를 바꾸는 성형수술을 받은 것도 아니지만, 자신의 상처를 바라보는 관점이 바뀌자 얼굴이 지닌 의미가 완전히 달라졌던 것이다.

지난 66년간 이어져 온 경찰 수사는, 이번 책임수사 원년을 계기로 큰 전환점을 맞아야 한다. 임영웅이 경연에서 불렀던 노사연의 노래 '바램' 가사처럼, "우린 늙어가는 것이 아니라 조금씩 익어가는 것"이 되어야 하기 때문이다. 사실상 수사의 거의 전부를 맡아오면서도 오랫동안 숨죽여 지내야 했던 경찰 수사가, 책임수사 원년을 맞아 비로소 스스로의 책임 아래 국민의 신뢰를 받는 경찰로 거듭나는 계기가 되어야 한다.

이제 경찰 책임수사 시대를 맞아, 그동안의 부실수사와 인권침해 수사라는 콤플렉스를 오히려 반면교사로 삼아 현장 수사관의 철저한 수사 준칙으로 재정립해야 한다. 그래야만 지금까지 가까스로 지켜온 경찰 수사의 상처 난 자존심이 치유될 수 있을 뿐 아니라, 오랜 세월 이어져 온 검·경 수사권 조정의 노력이 오직 국민만을 바라보고 달려온 진심으로 제대로 평가받을 수 있을 것이다.

수사의 진검승부, 인재 확보 전쟁

이번 검·경 수사권 조정으로 인해 앞으로는 우수한 인재들이 경찰로 더욱 몰릴 것이라는 전망이 적지 않다. 과거와 다른 위상을 갖게 된 경찰 수사에 매력을 느끼고, 그 안에서 자신의 능력을 펼치려는 인재들이 늘어날 것이라는 기대다. 하지만 현재 경찰 조직의 분위기와 인사 관행을 고려하면, 이런 인재들이 마음껏 역량을 발휘하기에는 아직 녹록지 않은 것이 현실이다. 예를 들어 변호사 특별채용으로 경찰에 들어온 이들이 까다로운 사건을 법률적으로 잘 해결하고 있음에도, 본인 입장에서는 보직이나 인사가 자신의 노력에 비례해 주어질지 확신하기 어렵다고 느끼는 경우가 많다. 변호사 자격을 갖춘 채 경감으로 특채되어 수사업무를 맡는 경우가 늘어나고 있지만, 이들이 조직 안에서 기대하는 역할과 실제로 부여받는 역할 사이에는 간극이 존재한다.

경찰청은 2014년부터 경력경쟁 채용을 통해 변호사 자격증 소지자를 경감 계급으로 매년 선발해 왔다. 그 이전까지 선발된 인원을 모두 합하면 적지 않은 숫자지만, 현재 실제로 근무 중인 인원은 160여 명 수준에 그친다. 중간에 사표를 내거나 진로를 바꾼 경우도 적지 않다는 뜻이다. 입직 방식이나 근무 지역, 경찰서·지방청 단위 배치를 비롯한 여러 요소가 얽힌 기존 인사 관행 속에서, 오로지 실력만으로 승진을 기대하기는 매우 불확실한 구조였던 셈이다. 법률 전문성을 살려 까다로운 사건을 해결하고 있음에도, 실제로는 참모조직의 조언자로만 머무는 경우가 많은 것도 문제로 지적된다. 수사경과의 좁은 승진 사다리 때문에, 이들 가운데 상당수는 언제든 외부로 나갈 가능성을 열어둔 채 근무하고 있는 것이 현실이다. 경찰 조직이 이들을 보다 폭넓게 중용하고, 이 흐름을 본 외부의 법률·수사 전문가들이 경찰에 유입되는 선순환 구조를 만들어야 한다.

이와 관련하여 「경찰공무원 인사운영 규칙」이 정한 필수 현장 보직 부서와 기간을 보다 유연하게 운용할 필요가 있다. 승진해 수사과장이 되지 않더라도, 일정한 경력과 능력을 갖춘 인재라면 수사팀을 꾸려 배당된 사건을 전담해 지휘할 수 있도록 기회를 넓혀야 한다. 최소한 검찰의 직접수사 인력이 "경찰로 옮겨가는 것"을 진지하게 고민할 정도로, 수사 관행을 혁신하고 수사 인력구조와 보직·처우를 과감하게 바꾸지 않으면 안 된다. 예비 법조인들에게 "검찰 못지않게 경찰도 매력적인 선택지"가 되어야 책임수사의 인적 기반이 튼튼해진다. 형사소송법 개정 이후 검·경 수사의 진검승부에서는, 수사권이라는 '검'의 크기보다 그 검을 다루는 검객의 실력이 승패를 가르게 될 것이다. 검찰청의 검사나 수사관과 경찰 수사관이 처음부터 다른 길을 걸은 것은 아니었던 만큼, 우수한 인재를 적재적소에 배치하고 제대로 활용하는 조직이 수사권을 둘러싼 승리의 기쁨을 국민과 나누게 될 것이다. 이제 경찰은 승진 만능 분위기를 과감히 바꾸고, 문호를 활짝 열어 주요 로스쿨의 인재를 미리 발굴·유치하려는 노력을 새롭게 시작해야 한다.

향후 과제, 민주적 통제

국민은 이제 "책임지고 수사하라"며 경찰에게 더 큰 권한을 맡겼지만, 그만큼 인권침해가 커질지 모른다는 불안과 걱정도 함께 품고 있다. 이는 통제되지 않은 권력이 어디로 흐를 수 있는지, 그리고 인권침해의 역사가 얼마나 많은 상처를 남겨왔는지를 이미 오랫동안 학습해 온 경험에서 비롯된 것이다.

'경찰 공룡화'에 대한 우려가 여전히 남아 있는 가운데, 그동안 경찰의 불법수사나 부실수사에 대해 검찰이 준사법적 통제 역할을 해 왔다는 기억도 국민의 머릿속에 엄연히 남아 있다. 경찰 수사에 대한 의혹과 불신이 한 번에 사라지는 것은 결코 쉽지 않을 것이다.

1945년 해방과 독립이 대한민국의 모든 문제를 단번에 해결해 주지 못했듯, 산업화와 민주화를 거쳐 보다 나은 나라를 만들어 온 긴 여정처럼, 독립한 경찰 수사 역시 앞으로 많은 인고의 시간을 필요로 할 것이다.

이와 병행하여 검·경 수사권 조정과 함께 논의되어 온 자치경찰제 도입, 국가수사본부 설립을 통한 수사경찰의 분리, 경찰위원회의 실질적 권한 강화 등은 민주적 통제를 위한 구체적 장치로 차근차근 도입되어야 한다. 이는 경찰이 국민에게 이미 약속한 과제이며, 더 이상 미룰 이유도 없다. 정권의 눈치를 보거나 시류에 편승해 꼼수를 부리는 모습은, 국민의 신뢰를 쌓는 데 전혀 도움이 되지 않는다. 오직 한길, 이번 검·경 수사권 조정의 혜택을 온전히 국민에게 돌리겠다는 초심으로 묵묵히 나아가야 한다.

만약 늘어난 권한에 취해 과거의 잘못된 수사 관행을 되풀이한다면, 국민은 "콩으로 메주를 쑨다"라고 해도 경찰 수사를 믿지 못하는 불신으로 돌아설 것이다. 자치경찰제와 국가수사본부 설립은 국가 치안 시스템의 큰 틀을 바꾸는 '프레임의 대전환'으로서, 반드시 국민의 두터운 신뢰와 지지 속에서 추진되어야 한다. 공수처의 공식 출범과 개정 형사소송법에 따른 검찰의 직접 수사 축소 이후, 경찰 수사는 앞으로 민생범죄에 더욱 집중될 가능성이 크다. 그만큼 국민의 삶 속에서 가렵고 아픈 부분을 세심하게 찾아내 시원하게 긁어 주고 어루만져 주는 '민생수사'에 전념하려는 경찰 수사의 하심(下心)이 요구된다.

수사권을 과시하기 좋은 무대는 대형 정치·권력 사건이지만, 진정한 책임수사는 조용한 일상 속에서 국민의 억울함을 풀어 주는 데 있다. 인사권을 쥔 고위 경찰이 대형 사건 수사에 영향을 미칠 수 있다는 의혹은 여전히 경찰 수사의 아킬레스건으로 남아 있다. 이럴수록 경찰은 마음을 한층 낮추고, 조용한 자세로 국민과 사건 현장에 한 걸음 더 다가서는 태도를 견지해야 한다. 아무리 날카로운 수사의 칼도 함부로 휘두르면 결국 흉기가 되어 자신을 베게 된다는 사실을 잊지 말아야 한다.

'경찰사건심사 시민위원회' 제도를 더 넓게 시민에게 개방해, 경찰 수사에 대한 시민 참여의 폭과 권한을 대폭 넓힐 필요가 있다. 이를 통해 경찰 수사권과 민주적 통제권이 균형을 이루도록 하는 과감한 정책적 결단이 요구된다. 검찰청의 검찰시민위원회가 이미 2010년부터 운영되어 온 점을 감안하면, 경찰도 보다 전향적인 시행에 나설 시점이다. 경찰의 책임수사 원년을 계기로, 이제라도 경찰은 시민 참여를 바탕으로 한 민주적

통제를 실천하며 '주권재민'의 공화적 가치를 구현하는 국가기관으로 거듭나야 한다. PSI

치안정책리뷰 제67호, 치안정책연구소,
2020년 3월 31일: 1-4(권두언)

경찰청장직, 더 이상 정치적 전리품이 되어선 안된다.

경찰청장과 서울경찰청장이 동시에 구속되었다는 충격적인 소식을 들었을 때, 많은 시민은 '우리 동네 치안은 어떻게 되나', '순찰과 민생사건 대응, 수사는 제대로 될까' 하는 걱정부터 앞섰을 것이다. 그러나 예상과는 달리 경찰의 수사기능은 정상적으로 작동했고, 범죄가 갑자기 늘어나거나 외국 사례처럼 폭동이나 약탈이 벌어지는 일은 없었다. 경찰 조직은 평소와 다름없이, 일상의 리듬을 유지하며 흔들림 없이 움직였다.

이처럼 사회적 평온을 유지할 수 있었던 이유 가운데 하나는 2020년 『경찰법』 개정에서 찾을 수 있다. 개정된 『경찰법』은 경찰 지휘체계를 근본적으로 손질해, 한 사람에게 권한이 집중되던 경찰청장 단일 체제를 해체했다. 이에 따라 경찰청장은 국가경찰 사무에 전념하도록 하고, 시·도 등 광역자치단체를 중심으로 한 자치경찰제와 국가수사본부장이 책임지는 수사체계를 더해 이른바 삼원체제가 마련되었다.

덕분에 이번처럼 중앙정부가 흔들리거나 국정 공백이 우려되는 상황에서도, 지방정부의 시도자치경찰위원회는 크게 동요하지 않고 범죄예방과 질서유지에 제 역할을 다할 수 있었다. 각 광역자치단체마다 어느덧 민간위원 7명으로 구성된 제2기 자치경찰위원회가 출범해, 자치경찰로서의 역량을 실제로 입증해 보인 셈이다. 이는 34년에 이른 지방자치와 4년간의 자치경찰제가 쌓아온 저력이자, 과감한 제도 전환이 빚어낸 소중한 성과라 할 수 있다.

이번 기회에, 주요 경찰지휘부의 동시 구속 사태를 낳은 원인 가운데 하나인 '경찰 총수 임명 관행'을 깊이 돌아볼 필요가 있다. 경찰청장 임명은 결코 정치권력이 나누어 가지는 전리품이 되어서는 안 된다. 오히려 경찰을 민주적으로 관리하고 통제하기 위한 매우 중요한 절차로 인식되어야 한다. 위계질서를 중시하는 제복 조직인 경찰에서 최고 책임자를 어떻게 뽑느냐는, 경찰 전체에 대한 국민의 신뢰를 좌우하는 결정적 변수다. 현재 경찰청장 인선은 국가경찰위원회의 동의를 거쳐 행정안전부 장관이 제청하고, 국무총리를 거쳐 대통령이 임명하는 구조로 되어 있다.

그러나 이 방식은 최근 비상계엄 사태를 거치며 국민적 신뢰에 큰 상처를 남겼다. 의외이지만, 경찰청장 후보군에 오르는 고위 간부들 중에는 실제로 청장으로 지명되는 것을 내심 부담스러워하는 이들도 적지 않다. 이 자리를 일종의 '독이 든 성배'로 여기는 것이다. 막중한 직무 책임에 더해, 경찰 조직 안팎에서 밀려오는 정치적 압박까지 감당하기 어렵다고 보기 때문이다. 조지호 청장 역시 건강상의 이유를 들어 여러 차례 경찰청장 지명을 고사했다는 이야기가 있다.

이런 현실을 보면, 지금의 경찰청장 임명 절차가 과연 합리적으로 작동하고 있는지 의문을 제기하지 않을 수 없다. 그동안 경찰청장 인사를 둘러싸고는 일종의 뿌리 깊은 관행이 굳어져 왔다. 대통령과의 친분이나 정치적 배경에 따라 고위직 경찰이 초고속 승진하는 일이 반복된 것이다. 이 같은 폐습은 경찰청장이 공정하게 선출되는 것을 가로막고, 경찰 조직의 독립성과 정치적 중립성을 갉아먹을 위험이 크다. 나아가 임명권자에 대한 부채 의식이 쌓이면, 부당하거나 불법적인 지시에도 거스르기 어려운 구조를 낳을 수 있다. 이처럼 왜곡된 인사 관행은 경찰 조직의 효율성과 전문성을 떨어뜨리고, 결국 국민 신뢰를 잃게 만드는 심각한 문제다. 따라서 경찰청장 임명 절차의 공정성과 투명성을 높이기 위한 구조적 개혁이 더 이상 미룰 수 없는 과제가 되었다.

현행법은 경찰청장 후보 추천 권한을 국가경찰위원회에 부여하고 있지만, 이 권한이 제 역할을 다하고 있다고 보기는 어렵다. 그동안은 임명권자의 눈치를 보며, 그들이 선호할 만한 인사를 추천하는 수준에 머문 사례가 반복되었다. 앞으로는 국가경찰위원회의 권한과 독립성을 대폭 강화해, 외부의 부당한 인사 개입을 원천적으로 차단할 수 있어야 한다. 지금의 경찰 조직은 세 갈래로 분산된 지휘체계를 갖추었지만, 경찰청장직은 여전히 막중한 권한과 책임이 실린 자리다. 이번 사태를 계기로 경찰에 대한 국민 신뢰를 회복하려면, 우선 경찰지휘부 인사 제도와 관행부터 확실히 바꿔야 한다. 경찰청장은 물론 시·도경찰청장 인선에서도 정치적 영향력을 최대한 배제하고, 경찰법이 정한 절차에 따라 시도자치경찰위원회가 협의 · 추천한 후보를 임용하는 등 14만 현장 경찰과 국민 눈높이에 맞는 인사가 이뤄져야 한다.

올해도 수많은 젊은이들이 큰 꿈을 품고 경찰의 길을 선택했다. 이들이 초심을 잃지 않고 국민의 안전과 행복을 위해 마음껏 헌신할 수 있도록, 그들이 믿고 따를 수 있는 참된 경찰을 리더로 세울 책임이 우리 모두에게 있다.

내일신문 칼럼 「신문로」 (22면, 2025.2.27.)

내일신문

잇단 경찰청장의 중도 사퇴 유감

임기제가 보장된 경찰청장이 돌연 사퇴했다(6일자 A1면). 지난 2004년부터 2년 임기가 법적으로 보장되어 있지만, 실제로 임기를 모두 채운 경찰청장은 다섯 명 중 한 명에 불과하다. 그 한 명조차도 오히려 경찰 내부의 사퇴압력을 받았으나, 청와대의 두둔에 힘입어 가까스로 임기를 채운 사례였다. 이 같은 선례들은 결과적으로 경찰 조직을 외부 압력에 더 취약한 구조로 만드는 데 일조했다.

이번 경찰청장 중도 사퇴는 최근의 운영 파행 논란을 떠나, 거시적 관점에서 경찰 조직의 독립을 한층 더 멀어지게 한 조치라는 점에서 매우 유감스럽다. 청와대와 '코드 맞추기' 식으로 청장의 중도 하차가 관례가 된다면, 누구를 후임으로 앉히더라도 그의 시선은 국민보다 청와대의 입맛과 눈치를 먼저 살피게 될 것이 뻔하다.

정치권은 이런 식의 군기 잡기와 줄 세우기를 언제까지 계속하려 하는가. 물론 이런 사태를 자초한 데에는 역대 경찰청장들의 책임도 결코 작지 않다. 경찰청장이 다음 자리를 염두에 두고 청와대의 눈치만 보는 상황에서, 경찰 조직이 과연 법이 부여한 기능을 정상적으로 수행할 수 있었겠는가.

이명박 정부가 내세운 경찰청장 교체 명분은 '일사불란한 국정운영'이었다. 그러나 정당한 법집행 기관이 정치권 눈치를 보며 좌지우지되는 상태를 '일사불란한 국정운영'으로 보는 것은 시대착오적 발상이다. 이와 같은 정치권의 사고방식 때문에, 정권이 바뀔 때마다 전 정권이 임명했다는 이유만으로 법과 원칙까지 흔들어가며 경질하려 들거나, 반대로 자리를 지키려 버티는 국정 난맥상을 우리는 얼마 전까지도 똑똑히 보아왔다.

이제는 최소한 임기제 공무원의 위상만큼은 이런 방식으로 무너뜨려서는 안 된다. 경찰청장 임기제가 이처럼 흔들리면, 경찰의 조직적 독립성과 공권력의 엄정한 집행 역시 흔들릴 수밖에 없다. 임기제는 가능한

한 철저히 보장되어야 한다. 그래야만 정권의 눈치나 정치적 외압에 휘둘리지 않는 경찰 수사와 공권력 행사가 담보될 수 있다. 아울러 경찰청장 자신도 임기제의 취지와 정신을 지키려는 단단한 자세를 가져야 한다. 임기를 채우지 못한 일부 전직 경찰청장들처럼 쉽게 납득되지 않는 이유를 내세워 사의를 표하는 일은 더 이상 적절하지 않다.

이미 계급과 출신에 따라 편 가르기가 심각한 경찰조직에서, 구성원들까지 모두 청와대와 정치권만 바라본다면 우리 국민은 도대체 누구에게 보호를 기대할 수 있겠는가. 지구대와 파출소 현장에서는 취객이 난동을 부리고, 음주운전자가 오히려 큰소리치며 '내가 누구다, 누구를 안다'라고 으스대는 풍경이 우연히 생겨난 것이 아니다.

우리 사회는 이제부터라도 경찰지휘부가 정치권에 줄을 대고 눈치를 보는 악습에 빠지지 않도록, 따뜻한 관심과 신뢰를 아끼지 말아야 한다. 결국 국민의 신뢰와 지지야말로 외압에 흔들리지 않는 경찰청장과 국민을 위한 경찰을 만드는 가장 큰 힘이다.

조선일보 오피니언 편집자에게 (2010. 8. 12) A33면

朝鮮日報

또 대통령이 나서니

법인 금방 잡은 경찰

2010년 2월 부산광역시 사상구 덕포동에서 집안에 있던 예비 중학생을 납치·성폭력·살해하고 유기한 김길태 사건을 보며, 경찰의 본래 임무가 무엇이며 근무 자세는 어떠해야 하는지 다시금 생각하게 된다. 국민은 이번 사건을 보며, 2008년 3월 경기도 일산에서 발생한 초등학생 납치 미수 사건을 자연스럽게 떠올리게 된다. 두 사건에는 '대통령이 나서서 진두지휘하면 범인은 금방 잡힌다'는 공통된 모습이 있다. 경찰은 이번에도 공을 세웠다고 생각할지 모르지만, 정작 경찰이 바라보아야 할 지점은 따로 있다.

일산 사건 때는 대통령이 일산경찰서를 찾아 질책한지 하루 만에 용의자가 붙잡혔고, 이번 사건에서는 이

틀 만에 체포가 이루어졌다. 마치 대통령이 직접 나서서 다그치고 독려해야만 범인이 곧바로 잡히고 사건이 해결되는 것처럼 비쳐지고 있다. 이런 방식이 반복되면, 대통령이 관심을 보이지 않는 사건은 이렇게 신속히 해결되지 않을 것이라는 매우 위험한 인식이 생길 수 있다.

지금 경찰은 용의자를 체포하고 중요한 증거도 확보한 상태다. 그럼에도 초동수사 미흡, 김길태 검거 과정에서의 허둥대는 모습 등으로 거센 비판을 받고 있다. 만약 경찰이 스스로의 의지와 끈기로 이번 사건을 해결했다는 인상을 주었다면, 지금과는 전혀 다른 평가를 받았을 것이다.

범죄 사건이 '대통령의 독려 → 신속한 해결'의 공식처럼 굳어지는 상황을 보면서, 국민이 '경찰은 안일하고 윗사람 눈치만 보는 조직'이라고 여기게 된다면 그것만큼 경찰에 불행한 일은 없다. 사람들은 대통령이 나서서 호되게 질책을 해야 경찰에 총동원령이 내려지고, 그제야 정신이 번쩍 들어 부산하게 움직이는 조직이라고 생각하게 된다. 왜 이런 인상을 국민에게 자꾸 심어 주는지 납득하기 어렵다.

이번 사건처럼 사회적 관심이 집중되고 언론 보도가 연일 이어지는 경우, 경찰이 느끼는 부담이 클 수밖에 없다. 여기에 대통령의 관심과 질책성 발언까지 계속 나오면, 경찰 수장(首長)을 비롯해 모든 경찰관이 다른 일을 미루고 이 사건에 혼신의 힘을 쏟을 수밖에 없는 것도 현실이다. 사실 이런 모습은 경찰만의 문제가 아니라 다른 공무원 조직에서도 비슷하게 나타나는 현상이다.

그러나 이런 일이 되풀이되면 어떤 결과를 초래할지, 경찰은 진지하게 고민해야 한다. 경찰 지휘부가 경찰을 이끌 때, 위의 권력에 눈치를 보는 것과 현장의 부하 직원과 국민을 살피는 것 중 어느 쪽에 더 무게를 두고 있는지 스스로에게 물어야 한다. 권력은 한시적이지만, 우리 사회는 앞으로도 계속 경찰을 믿고 의지할 수밖에 없다. 경찰은 그 책임의 무게를 산(山)처럼 무겁게 느껴야 한다.

경찰은 '정성을 다하는 국민의 경찰'과 같은 막연한 구호를, 청장이 바뀔 때마다 바꾸고 내거는 데 국민의 세금을 낭비하고 있다. 이번만큼은 '사회적 약자를 노린 흉악 범죄를 뿌리 뽑겠다'와 같이 구체적인 목표와 실행 방안을 제시함으로써 국민의 신뢰를 얻어야 한다.

이제부터라도 경찰청장은 믿을 수 있는 범죄 대응 전략을 분명히 제시하면서, 국민 안전을 지키겠다는 분명한 각오를 보여야 한다. 특히 아동 성폭력처럼 도저히 용납할 수 없는 범죄를 어떻게 뿌리부터 막아 낼 것인지, 경찰력을 어떻게 동원하고 배치할 것인지 구체적으로 밝힐 필요가 있다.

다시는 이런 사건이 일어나지 않아야겠지만, 유사한 범죄가 되풀이될 경우에는 대통령이 아니라 경찰청장이 앞장서서 경찰을 강력히 독려해 범인을 잡는 모습을 보여야 한다. 그렇게 해서 국민이 '경찰은 누가 시키지 않아도 언제, 어디서나 최선을 다한다'라고 믿을 수 있게 만들어야 한다. 그것이 국민에게도, 대통령에게도, 그리고 경찰 자신에게도 가장 바람직한 길이다.

조선일보(2010. 3. 13) A27면

朝鮮日報

국가경찰위원회의 실질화와 '헌법에 충성하는 경찰'

1. 들어가며

국가경찰위원회를 실질화하기 위한 입법 과제를 두고 학계의 초기 논의가 지금까지도 지지부진하게 이어지면서, 1991년 경찰청이 독립하고 『경찰법』이 제정되면서 함께 출범한 국가경찰위원회의 설치 취지를 다시금 돌아보게 만든다. 그로부터 34년이 지난 지금까지도 한 걸음도 앞으로 나아가지 못한 현실을 보면, "입법자는 이 문제의 해법을 정말 몰라서 묻는 것인지, 아니면 알고도 모른 척하는 것인지" 자문하게 된다. 매번 입만 아픈 현실이 안타까울 뿐이다.

토론문을 준비하다 보니 이런 생각도 들었다. 정권이 바뀔 때마다 빠지지 않고 '경찰개혁'이 외쳐지는데, 과연 경찰 조직은 국회의 입법이나 정치 세력 등 외부의 힘에만 기대지 않고, 스스로 개혁하여 국민에게 은근하지만 꾸준하고 든든한 신뢰를 주는 조직으로 우뚝 설 수는 없는 것일까 하는 의문 말이다.

발제자는 12·3 비상계엄 사태를 계기로 불법적인 경찰권 행사에 대한 제도적 통제 장치가 필요하다고 지적하면서, 그 대안으로 헌법적 경찰활동 이론과 국가경찰위원회 실질화를 제시하고 있다. 문제 제기와 대안의 방향에 깊이 공감한다.

발제자가 제시한 『국가경찰위원회의 실질화를 위한 입법과제』는 국가경찰위원회의 위상과 권한, 위원 구성과 운영 방식, 그리고 대통령 · 행정안전부장관 등 정부 내 다른 기관과의 관계 설정으로 요약된다. 이를 둘러싼 쟁점은 아래의 다섯 가지 핵심 논점으로 정리할 수 있다.

2. 위상 정립: 자문기구인가 합의제 행정기관인가?

현행 국가경찰위원회는 『경찰법』상 심의 · 의결기구로 규정되어 있다. 그러나 실제로는 행정안전부 소속의 자문기구 성격이 강해, 민주적 통제기구로서의 위상이 모호하다는 비판이 꾸준히 제기되어 왔다. 학계와 시민사회 일각에서는 비대해진 경찰권을 통제하기 위해, 국가경찰위원회를 국무총리 소속 합의제 중앙행정기관으로 격상하거나 독립 위원회로 재편해야 한다는 주장을 내놓고 있다.

헌법재판소는 국가경찰위원회가 헌법이 직접 설치를 규정한 기관이 아니라, 법률에 따라 만들어진 '행정부 내부의 한 부분기관'이라는 전제 아래 권한쟁의심판 청구를 각하한 바 있다(헌재 2022. 12. 22. 선고 2022헌라5 결정, 국가경찰위원회와 행정안전부장관 간 권한쟁의). 이는 위원회의 권한, 존폐, 조직 형태가 기본적으로 입법정책의 영역에 속하지만, 동시에 헌법상 권력분립 원리와 행정부 내부의 위계 질서와 조화를 이루어야 함을 시사한다.

구체적인 방안으로는 첫째, 『경찰법』과 『정부조직법』을 개정해 국가경찰위원회를 국무총리 소속 합의제 행정기관으로 규정하고, "경찰행정 전반에 대한 민주적 통제와 인권 보장의 책임기관"이라는 목적 조항을 명확히 두는 방안을 생각해 볼 수 있다. 둘째, 행정안전부장관과 경찰청장 사이의 지휘·감독 규칙을 국가경찰위원회 심의·동의 대상에 포함시켜, 장관의 통제가 위원회를 거치도록 하는 간접통제 구조를 설계를 적극 검토할 필요가 있다.

다만 위원회를 국무총리 소속 합의제 중앙행정기관이나 사실상 독립 위원회 수준으로 격상할 경우, 행정부 내부의 수직적 위계 질서를 약화시키고 '대통령·장관의 책임정치 원리'와 충돌할 수 있다는 우려도 제기된다. 따라서 법률 개정을 통해 위상을 높이더라도, 어디까지나 "행정부에 속하는 합의제 행정기관"이라는 점과 최종 책임 주체인 대통령·장관과의 관계를 법률에 분명히 규정해야 한다는 요구가 뒤따른다.

3. 권한 확대: 정책·인사·예산에 대한 실질적 통제

발제자는 국가경찰위원회를 대통령 소속 합의제 독립 행정기관으로 격상하고, 총경 이상 인사권을 위원회에 귀속시키는 방안을 제시한다. 이는 일본 국가공안위원회 제도와 유사한 설계에 가깝다. 최근 개정 논의에서도 국가경찰위원회에 경찰청장·국가수사본부장 임명제청권과 총경 이상 인사 동의권을 부여하는 방향이 검토되고 있다.

이와 관련하여, 현행 『경찰법』은 국가경찰사무와 관련된 주요 정책·인사·예산 등을 국가경찰위원회의 심의·의결 대상으로 삼고 있지만, 구속력이 약하고 위원회의 선제적 개입 범위가 좁아 실질적인 견제 기능을 제대로 발휘하지 못한다는 평가가 많다. 특히 이는 형식상으로는 법률에 근거한 인사권 배분처럼 보이지만, 실제로는 대통령과 행정안전부장관의 인사 재량을 크게 제한하는 효과를 가져와 헌법 제87조의 행정부 조직권과 임면권자로서의 인사 책임과의 관계가 쟁점이 될 수 있다.

보다 구체적으로는, 첫째 경찰청장·국가수사본부장을 임명할 때 국가경찰위원회의 제청 또는 동의를 법률로 의무화하여, 대통령·장관 인사권에 대한 실질적인 견제장치를 두는 방안을 검토할 수 있다. 둘째, 총경 이상 간부 인사에 대해서는 '사후 보고'가 아니라 '사전 동의 또는 의견청취 의무'를 도입하고, 인사 기준·원칙·평가 지표를 위원회가 제정·변경·점검하는 권한을 부여할 필요가 있다. 셋째, 국가경찰 관련 예산 편성과 주요 배분 기준에 대해서도 위원회 의결을 거치도록 하여, 특정 정권이나 경찰 수뇌부가 재정을 통해 조직을 과도하게 통제하는 일을 막는 장치를 둘 수 있다.

다만 국가경찰위원회에 일부 인사권을 넘길 경우, 위원회의 인사 동의를 어느 수준까지 구속력 있게 볼 것인지에 대한 논의가 남는다. 위원회의 인사안에 대해 "거의 반드시 따라야 하는 구속적 동의"로 볼 것인지, 아니면 "중대한 사유가 없는 한 존중해야 하는 의견 제시" 수준으로 둘 것인지에 따라 인사권 배분의 성격이 크게 달라질 수 있다. 경찰청장에 대한 지휘·감독과 관련해서도, "경찰청장에 대한 직접 지휘"가 아니라 "행정안전부장관의 지휘·감독권 행사에 앞서 거치는 심의" 형태로 설계하는 것이 바람직해 보인다.

4. 위원 구성·인선: 대표성과 정치적 중립성의 조화

국가경찰위원회의 위원 구성과 인선 절차는 위원회의 독립성과 정당성을 좌우하는 핵심 요소다. 현재는 위원 수가 적고, 경찰청과 정부 측 추천 비중이 높으며, 인권·지역·성별·전문 분야의 다양성이 충분히 반영되지 않는다는 비판이 제기되고 있다. 최근 개정 논의에서는 위원 수를 늘리고 인권 전문가를 의무적으로 포함하는 방안 등이 함께 논의되고 있다.

개선 방향으로는 첫째, 위원 수를, 예를 들어 7인에서 9인 이상으로 확대하고, 그중 일정 비율을 인권, 형사사법, 자치경찰(지방자치), 재정 등 관련 분야 전문가로 의무 배정하는 방안을 고려할 수 있다. 둘째, 추천 권한을 대통령·장관 중심에서 국회, 지방정부, 시민사회로 분산하여, 여야 추천, 시·도지사 추천, 인권·법조 단체 추천 몫 등을 포함하는 다원적 추천 구조를 설계하는 것이 바람직하다. 셋째, 위원의 임기를 실질적으로 보장하고, 해임 사유를 엄격히 법률로 한정하며, 겸직·이해충돌 방지 규정을 강화함으로써 정권

교체에 따른 정치적 교체 가능성을 줄이고, 경찰·행정부로부터의 독립성을 제도적으로 담보해야 한다.

5. 조직·운영 역량: 실질적 활동을 지원할 인력·기구 확충

현행 국가경찰위원회는 전담 사무국과 전문 인력이 매우 제한적이고, 실제 업무의 상당 부분을 경찰청 소속 직원에 의존하고 있다. 그래서 "이름만 위원회이고 실제로는 경찰청 자문기구에 가깝다"라는 평가를 받고 있다. 이 때문에 정책 분석, 인사 검증, 예산 심의, 감찰·감사 요구 등 높은 전문성이 필요한 기능을 독자적으로 수행하는 데 구조적인 한계를 안고 있다.

이에 대한 보완책으로는 첫째, 위원회에 소속된 독립 사무처(또는 사무국)를 설치하고, 예산·조직 정원·인사권을 위원회가 직접 행사하도록 하여 실질적인 행정 역량을 확보할 필요가 있다. 둘째, 정책연구, 통계 분석, 법률 검토, 감찰 지원을 담당할 상근 전문위원과 조사관을 충분히 배치하고, 경찰청·학계·시민사회 출신 인사를 균형 있게 채용하는 방향으로 인력 구성을 다변화해야 한다. 셋째, 정기·수시 회의를 활성화하는 동시에, 공개 회의 확대, 회의록 공개, 의결 내용 공개 범위 확대 등을 통해 운영의 투명성과 책임성을 높이는 것이 바람직하다.

6. 다른 통제기구 · 자치경찰과의 관계

지난번 행정안전부 경찰국 설치 논란과 자치경찰제 개편 논의가 맞물리면서, 국가경찰위원회와 행정안전부 · 경찰청 · 자치경찰위원회 사이의 권한 배분과 역할 조정 문제가 새로운 쟁점으로 떠올랐다. 최근 정부 · 국회 · 각 위원회 논의에서는 국가경찰위원회 실질화, 자치경찰의 이원화 및 독립성 강화 등이 함께 거론되면서, 상호 간 통제와 협력 구조를 어떻게 다시 설계할지가 중요한 과제로 부각되고 있다.

세부적으로는 첫째, 국가경찰위원회가 경찰 정책 · 인사 · 예산에 대한 1차 심의 · 의결 기능을 담당하고, 장관이 그 결과를 존중하는 "간접적 문민 통제" 모델을 제도화하는 방안을 생각해 볼 수 있다. 둘째, 국가 · 수사 · 자치경찰 간 수사권 · 지휘 관계 재조정 논의와 연계하여, 국가경찰위원회가 국가경찰뿐 아니라 국가 · 자치경찰 간 분쟁 조정과 인권 침해 사건에 대한 공통 통제기구로 역할을 하도록 법적 권한을 부여하는 방안을 검토할 수 있다. 셋째, 국회 · 국가인권위원회 · 감사원 등 다른 통제기구와 정례 협의체를 구성해 중복과 공백을 줄이고, 공동 조사 · 공동 권고 등 연동형 통제 메커니즘을 마련하는 것이 필요하다.

7. 나오며

발제 내용 가운데 특히 눈에 띄는 대목은 헌법적 경찰활동(Constitutional Policing) 이론 도입에 관한 제안이었다. 개념적으로 매우 매력적인 접근이며, 이 이론은 미국에서 인종차별, 과도한 무력 사용 등 그 나라의 특수한 역사·사회적 맥락 속에서 발전해 온 논의를 바탕으로 한다. 12·3 비상계엄 사태 이후 경찰 지휘부가 사실상 붕괴되어 직무대행 체제가 장기화될 수밖에 없는 현실에서, 경찰활동의 기준으로 헌법 수호 가치를 분명히 세우자는 제안에 크게 공감한다.

발제자가 말하듯 경찰이 "정권의 도구"가 아니라 "헌법과 국민을 지키는 기관"이 되어야 한다는 주장에는 전적으로 동의한다. 다만 그 목표를 국가경찰위원회의 내실화만으로 온전히 달성할 수 있다고 보기는 어렵고, 헌법과 경찰법 등 관련 법령, 경찰 조직문화와 교육 체계, 시민 참여를 포괄하는 종합적 경찰개혁으로 접근할 필요가 있다.

오늘 우리가 반드시 상기해야 할 사실은, 국가경찰위원회가 내무부 치안본부를 '경찰청'으로 독립시키던 시기에 "각종 정치적 외풍으로부터 경찰을 지켜 독자성과 책임성을 보장하고, 경찰 운영의 민주성과 공정성을 확보하라"는 입법자의 명령과 함께 경찰청과 동시에 출발했다는 점이다.

국가경찰위원회 실질화 논의에는 어쩔 수 없는 아이러니가 있다. 2021년에 출범한 자치경찰위원회가, 30년 앞서 출범한 국가경찰위원회보다 여러 측면에서 더 높은 위상을 누리고 있기 때문이다. 물론 자치경찰위원회 제도에 대해서도 실질화를 요구하는 목소리가 봇물 터지듯 이어지고 있는 것이 현실이기도 하다.

그럼에도 국가경찰위원회의 권한 실질화, 다양한 위원 구성 방식, 위원장과 사무국장의 상임제 도입, 독립된 사무국 설치 등은 국가경찰위원회를 튼튼히 함으로써 '헌법에 충성하는 경찰'을 갖추기 위해 반드시 지켜야 할 최소한의 기준이라 할 수 있다. 이 마지노선만큼은 어떤 정치적 상황 속에서도 흔들리지 않도록 지켜내야 한다.

경찰개혁의 과제 2025년 국회 토론회 (토론문)
경찰의 정치적 중립성과 민주성 확보를 위한 입법적 과제
국회의원 서범수 · 한국경찰학회 · 한국지방자치경찰학회
국회의원회관 제2소회의실(2025. 12. 16)

대한민국국회

제2부

현장 치안과 시민의 안전

음주운전의 기회비용과 합리적 선택

언제부턴가 저녁 약속을 하는 게 두렵다. 열에 아홉은 술자리이기 때문이다. 어쩌다 차를 가져왔다는 이유로 술을 고사하면 핀잔을 듣거나 대리비를 낼 터이니 술은 피하지 말라는 억지를 듣기 일쑤다. 요즘 회사마다 회식이 줄고 상당수가 개인 일정을 이유로 공식 모임 자체를 피하는 속내에는 과도한 술자리가 육체적으로나 정신적으로 피곤할 뿐만 아니라 가족과 행복으로부터 멀어지는 길이라는 깨달음이 자리 잡고 있다. 이 같은 움직임에 반전을 획책하는 몸부림일까, 이젠 주류광고가 줄어든 대신 유명 연예인들이 출연하는 예능이나 여행 프로그램에서는 식사와 반주(飯酒)가 당연한 조합인 듯 술 마시는 장면이 매번 연출된다. 담배 규제 수준에 비하면 빗장을 죄다 푼 듯하다.

작년 5월, 도로교통공단은 술을 마신 상태에서 음주운전을 할 것인지 말 것인지를 결정하는 심리적 요인 가운데 가장 큰 비중을 차지한 것은, 2001년과 마찬가지로 2021년에도 "마신 술의 양이 적어서"라는 조사 결과를 공개했다. 지난 20여 년간 음주운전을 막아내기 위한 국가·사회적 노력이 기대에 못 미친 원인에는 음주로 인한 기회비용(Opportunity Cost)이 상대적으로 적었기 때문이라고 본다. 대개는 맥주 한 잔하고 대리운전을 이용하는 것은 낭비라고 생각하는 것이다. 심지어 대리운전을 부르는 이들조차도 기왕에 대리기사를 이용할 거라면 취하도록 마시는 게 본전이라고 생각한다. 술 한잔하고 술값의 5-10배가 넘는 대리비용을 지불하는 것은 합리적이지 못한 경제활동으로 평가받는 세상이다.

최근 10년간의 노력으로 음주운전 교통사고 발생 건수는 2만 9093건(2012년)에서 1만 5059건(2022년)으로 48.1%나 감소했다. 같은 시기에 음주운전 교통사고 발생으로 사망한 사람도 815명에서 214명으로 무려 74%의 감소율을 보였다. 하지만 2022년 기준, 교통사고 사망자 수 대비 음주운전 사망자 수 비율(8.8%)에 있어서는 일본의 그것(4.9%)에 비해 월등히 높은 게 현실이다. 2023년 5월경에 국내 한 신문사가 음주운전 사상(死傷) 사건 판결문 100건을 분석한 결과, 집행유예나 벌금형이 89건으로 집계됐고 사망사고 최고 형량은 4.5년에 불과했다. 심지어 2022년 12월에 발생한 음주운전 재범 사건에서는 중앙선을 침범해 사망사고를 냈음에도 법원이 집행유예를 선고한 사례도 있었다.

상습적 음주운전이 가장 문제인데, 음주운전 2회 이상 적발 건수는 2022년 이후 증가하고 있다. 이에 비해 일본은 2001년 형법 개정에 이어 2002년 도로교통법상 혈중알콜농도(BAC) 기준을 강화하고 최대 징역 15년까지 처벌할 수 있도록 하고 있어서 음주운전이 감소하고 있다. 2022년 일본에서는 음주운전 교통사고로 6세와 7세 여아를 사망하게 한 61세 피고인에게 징역 14년의 선고가 이루어졌다. 이에 비해 우리나라의 경우에는 음주운전 사망사고의 경우 대부분 집행유예로 처리되고 있다. 국민이 뜻을 모아 입법에 성공하여도 사법부가 이를 제대로 적용하지 않는 것이다.

미국의 경우 가해자가 음주운전을 한 경우 자동차보험료가 할증되는데, 평균적으로 캘리포니아는 131%, 뉴욕주는 80% 수준으로 높아지는 것으로 나타난다. 이러한 보험료 인상은 음주운전을 실질적으로 줄이는 효과로 이어졌다. 상대적으로 우리의 경우에는 보험료 할증률이 초범일 때 10% 수준이고 재범일 경우에 20% 정도에 불과해 억제 효과가 제한적이다. 술 한 잔과 대리운전 비용에 대하여도 일그러진 합리주의가 횡행하는 우리 사회에서는 음주운전에 따른 면허정지 기간도 크게 늘리고 벌금 역시 획기적으로 올리는 등, 경제적·사회적 기회비용을 과하다 싶을 정도로 늘리는 것이 합리적일지도 모른다.

대전일보 칼럼 「대일논단」(18면, 2024.2.15.)

대전일보

이래도 술 마시고 운전대 잡을까

음주운전은 우리 사회의 안전을 위협하는 심각한 문제다. 작년부터 일정한 상습 음주운전자의 차량을 몰수하고 있지만 분위기 반전에는 아직 이르다. 최근 5년간(2019-2022) 통계를 보면, 음주운전으로 연간 13만 명 넘게 단속되고 사망자는 연평균 270여 명에 이른다. 특히, 음주 운전은 재범률이 44% 수준으로 높게 나타나고 있는데, 실제 음주운전을 했지만 경찰 단속에는 걸리지 않은 경우까지 고려하면 재범률은 훨씬 높을 것으로 추정된다.

최근 도로교통법이 개정되면서 '음주운전 방지장치' 부착이 의무화됐다. 지난 10월 25일부터 시행된 법률은 5년 이내에 2회 이상 음주운전으로 면허가 취소된 경우, 운전면허 재취득 시 반드시 음주운전 방지장치를 부착해야 한다는 내용을 담고 있다. 이 장치는 운전자가 시동을 걸기 전에 호흡을 측정해 혈중알코올농도가 0.03% 이상일 경우 시동이 걸리지 않도록 설계된다. 물론 이들이 방지장치가 설치되지 않은 차량을 운전하게 되면 처벌을 받는다. 이는 음주운전 위험을 기계적으로 방어하는 것을 넘어 법적 규제의 관점에서 상습 음주운전자를 관리 · 통제한다는 의미를 지닌다.

범죄학의 합리적 선택이론에서는 범죄도 경제적 · 사회적 행동으로 본다. 범죄자도 비용과 편익을 계산해서 이익을 극대화하는 방향으로 행동한다는 것이다. 이 이론에 따르면 차를 두고 가거나 대리기사를 부르는 대안이 분명 존재함에도 술 취한 상태에서 운전대를 잡는 선택을 한 것은, 음주운전 단속으로 감당해야 할 경제적 · 사회적 비용보다 당장의 이기적 편익을 우선한 선택의 결과다. 이번 300만 원 상당의 음주운전 방지장치의 등장은 이러한 이기적 판단에 브레이크를 밟는 효과가 있을 것이다.

자동차에 음주운전 방지장치를 부착하는 것은 음주운전자에게 '주홍 글씨'를 새기는 것이기도 하다. 그래서 이 장치는 술에 취한 운전자가 요행과 요령을 믿고 베팅하는 식의 음주운전자와 음주단속 경찰과의 위험

천만한 술래잡기에서 게임 체인저가 될 수 있다. 일정 기간 차량에 음주운전 사실을 알리는 심볼을 두게 하는 것은 가족은 물론 지인들에게 자신의 어리석음과 수치심을 보이는 비용을 증가시킬 수 있기 때문이다.

특히, 운전면허증에도 방지장치 부착기간이 기재되면서, 면허증을 신분증으로 사용할 때 음주운전자라는 사회적 낙인으로 인한 심리적 부담도 기대할 수 있다. 그 밖에도 면허취득 전 관련 교육 이수, 별도의 정기검사, 차량 운행기록 제출 등의 조건들도 음주운전에 따른 불이익을 더욱 크게 할 것이다.

유사제도가 시행되고 있는 미국, 독일, 프랑스, 호주, 스웨덴 등에서는 최대 70%까지 재범이 줄어든 것으로 알려지고 있다. 우리도 이제 관련 제도를 시행하는 만큼 음주운전 방지장치의 통일된 규격과 성능관리와 운행기록 제출 및 카메라 설치에 따른 사생활 침해 등의 부작용이 나타나지 않도록 유의해야 한다. 이러한 물리적 차단 정책이 음주운전을 백안시하는 사회심리로 확산하는 나비효과를 가져오기를 바란다. 이참에 술에 꼭 취해야만 운전이 금지된다는 인식과 제도의 운용도 재고할 필요가 있다.

대전일보 칼럼 「법률칼럼」 (18면, 2024.10.31.)

대전일보

음주운전 살인자와 술 권하는 공범들

대전의 중심 서구 둔산동에서 벌어진 참사로 9살 초등학생이 목숨을 잃었다. 사고장소는 차량 속도가 시속 30Km로 제한되는 어린이보호구역이었지만 안전펜스도 없었다. 현장에는 시민들이 쓴 편지와 꽃, 인형, 과자가 어린 죽음을 애도하고 있다. 음주운전 사고에는 매번 강력한 처벌의 목소리가 높아지곤 했지만 그때뿐이었다.

행정안전부는 교통사고를 포함한 지방정부의 안전수준에 관한 중요 지표로 매년 지역안전지수를 발표한다. 생활 안전, 범죄, 화재, 감염병, 자살 등도 함께 평가한다. 2022년의 경우, 교통사고 사망자는 전년 대비 4.7% (2858명에서 2725명) 줄었는데, 특히 차로 보행자를 사망케 하는 것은 8.9%(1,056명에서 962명)로 가장 많이 감소했다.

여기에는 교통단속 CCTV를 30.5% 증설해 2020년 1만2606대에서 2021년 1만6449대로 늘렸고, 교통사고가 잦은 곳을 개선하는 데 지방비 예산을 전년 대비 83.6%로 과감하게 증액한 것도 한몫했다. 예산 규모로는 기존 806억 원을 1480억 원으로 늘려, 한 해 사이에 674억 원을 더 투자한 것이다.

그 결과 경제협력개발기구(OECD) 평균과 격차를 획기적으로 줄이면서(2017년 2.9명에서 2021년 0.4명) 교통사고 분야에서는 커다란 개선 효과를 가져왔다. 특히 이번 발표에서 대전 동구가 기초자치단체로서는 무려 5개의 등급 개선을 이루어서 무척 고무적이다. 구민들의 안전의식을 높이기 위한 기초자치단체의 노력과 구민들의 적극적인 참여에서 비결을 찾을 수 있을 것이다.

하지만 이번 스쿨존 사고 참변에서 보듯 음주운전으로 인한 돌발사고에는 이 모든 노력도 속수무책이다. 주말 낮에 벌어진 과도한 음주와 버젓이 이어진 음주운전 교통사고에 대전시민들의 심경은 착잡하기만 하다. 혼자서 소주 1병을 마시고 운전대를 잡은 것이 아니라면 여기에는 과도한 음주와 음주운전을 묵인하고

방조한 이웃이 있는 셈이기 때문이다.

이번 사건은 개인적 일탈로 넘어갈 일이 아니다. 사고 후 경찰 조사도 힘들 정도로 심하게 취하는데 아무도 말리지 않았다는 점은 매우 심각한 대목이다. 사회 분위기가 이러하다면 유사한 음주운전 참사는 무한 반복될 수밖에 없다. 시민들은 한목소리로 가해자를 엄벌해야 한다고 하지만 사후 약방문 같은 행위자 처벌만으로는 한계가 있다. 음주문화에 대한 범시민운동이 절실한 이유다.

앞서 언급한 분야별 안전지수 6개 분야에서 전년 대비 1등급도 상승하지 못한 광역자치단체는 광주광역시와 대전광역시뿐이다. 세부 점수를 보자면 대전은 광주보다 더 위험하고 안전하지 못한 공간이다. 안전지수 등급의 합으로 보면 대전은 17개 시도에서 부산광역시와 함께 꼴찌다. 대전시장의 분발을 촉구한다.

희망이 없는 것도 아니다. 도로면적당 교통단속 CCTV 대수를 늘리고, 교통안전 환경개선 사업예산을 획기적으로 늘리는 것 외에, 음주운전 경험률을 낮추는 음주문화 개선 운동을 대전시와 시민단체가 합심해 추진할 필요가 있다. 한시적이나마 대리비용을 예산으로 보조해서라도 음주 후 운전대를 잡는 습벽만은 반드시 끊어야 한다.

특히 이번 사건에서 음주에 동석한 사람들을 철저하게 조사해서 공범성 여부를 낱낱이 밝혀야 한다. 음주한 일행이 가해자가 자동차를 몰고 출발하는 것을 보고도 방관했다면 음주운전 동승자와 같은 수준의 엄격한 잣대를 적용해야 한다. 몸을 주체할 수 없을 정도의 술을 판 판매자도 수사 대상으로 검토될 수 있을 것이다.

여전히 음주운전에는 강한 처벌만이 답이라는 인식이 크다. 하지만 사고를 내지 않을 것이라거나 적발되지 않을 것이라고 속단하는 음주 운전자들에게는 효과가 떨어진다. 음주운전은 '경찰이 잡는 범죄'만은 아니어야 한다. 이제부터라도 '시민도 막아서는 범죄'로 자리매김해야 한다. 술에 취해 한 행동에 대해 관용하는 것은 자신이나 가족이 그 행동의 종국적 피해자가 될 수 있다는 점을 간과한 것이다. 불과 며칠 전까지 대전 시민으로서 우리와 함께했던 어린 영혼의 명복을 빈다.

중도일보 칼럼 「프리즘」(19면, 2023.4.12.)

창간 74주년 중도일보

학교 안전에 학교전담경찰관의 전문성 적극 활용해야

서구화와 근대화를 표방한 갑오개혁 이듬해인 1895년 고종은 "교육이야말로 국가보존의 근본인 바, 널리 학교를 세우고 인재를 양성하여 국민의 학식으로써 국가중흥의 대공(大功)을 세우고자 한다"는 교육조서를 발표했다. 이를 계기로 종래의 경전 중심 교육을 벗어나 학교라는 공간을 새로이 만들고 학식 배양을 통해 격동하는 세상에서 국가를 지키려 했다. 이후 230년이 되어가는 요즘, 세계 언론에 비친 대한민국은 가히 세계를 선도하는 인재를 자랑한다. 최근 미국 국제전자제품박람회인 CES 2024에서 혁신상 379개 중 160여 개를 한국기업이 휩쓸었다. 우리의 인재들이 미국에서 한국 잔치를 벌인 것이다.

최근 학교가 급격히 병들어 가고 있다. 장사꾼 밑천이자 종갓집 씨간장이라고 할 수 있는 '학교'가 폭력으로 위협 받고 있다. 지난 12월 발표된 2023년 학교폭력 실태조사를 보면, 학교폭력 피해 경험이 있다고 응답한 비율(피해응답률)은 초등학생 3.9%로 가장 많고, 증가율은 전년 대비 0.4% 증가한 1.3%의 중학생이었다. 2013년 조사 이래 가장 비중이 낮았던 2020년 이후, 매년 1%대의 증가율을 보이다가 작년에는 가장 큰 1.9%의 증가율을 보였다. 그 추세가 매섭다.

일단 국가가 칼을 빼들었다. 올해부터 사이버 폭력을 포함한 각종 폭력으로 위기에 처한 초·중·고교와 특수학교를 구하려는 특단의 조치가 시행된다. 3월 신학기부터 교육청 소속으로 '학교폭력전담조사관'이 근무하게 된 것이다. 학교폭력 업무나 생활지도, 수사·조사 경력 등이 있는 2700명의 퇴직 경찰관 또는 퇴직 교원들이 채용될 것이다. 교원들은 교육에 전념할 수 있도록 하고, 그들을 대신해 학교폭력 대응 업무를 도맡게 된다. 이미 작년 10월, 정치권이 2004년 제정된 '학교폭력예방 및 대책에 관한 법률'을 개정한 결과다. 학교 현장이 학교폭력 처리 업무에 대한 과중한 부담에서 벗어나 교원들이 당사자 학생에 대한 관계 개선과 지원 등 교육적 역할에 집중할 수 있도록 한 것이다.

이러한 대책의 핵심은 학교폭력대책심의위원회 위원에 학교전담경찰관(SPO)의 비중을 늘리고 역할을 강화하는 것이다. 이것은 피해학생의 진술권 보장이나 분리 요청권 부여 등 사실관계 확정과 형사사법적 전문성을 높이는 길이다. 그런데 학교폭력에 대한 교육청과 교육지원청 등의 이해와 노력이 여기에 맞장구치지 못하고 있다. 학교폭력대책심의위원회에 참가하는 경찰위원을 소수 배정해 SPO의 참여비중이 감소하는 등 경찰이 제 역할을 할 수 있는 여건을 만들어 주지 못하고 있다. 위원회의 전문성 약화가 불 보듯 뻔하다. 충분한 SPO의 충원은 학교폭력 전담조사관의 활동에도 기능적으로 호응할 수 있다는 점에서도 반드시 요구된다.

당장에 SPO가 위원으로 위촉된 비율을 보면, 울산교육청이 SPO 21명 중 20명을 학교폭력대책심의위원회에 위촉(95%)한 데 비해, 대전교육청은 29명의 SPO 중 13명(45%)에 그치고 있다. 대전은 전국 평균(65%)에도 미달하고 세종(86%)에도 한참 못 미친다. SPO는 학교폭력을 전담하는 경찰관으로 2012년 도입된 이래 전문적 교육·훈련 과정을 거쳤고 특히 조사에 있어서 인권 의식이 투철하고 학교폭력 당사자와 선입견이나 이해관계가 없다는 장점이 있다.

미래세대는 다른 곳이 아닌 학교에 있음에 절실해야 한다. 학교폭력 없는 안전한 학교를 만드는 데에도 온 마을이 필요하다. 사회공동체 가운데 학교는 건강한 마음을 가진 학생들이 균형 잡힌 시민으로 성장하고 자신의 탁월함을 만들어 가는 데 필수요소다. 관련 부처 간 이견이나 기득권 때문에 대의를 저버리고 백년 대계를 그르치는 일이 없도록 마음의 빗장을 거두어야 할 것이다.

대전일보 칼럼 「대일논단」(18면, 2024.1.18.)

대전일보

'학교보안관' 제대로 정착하려면

3월부터 시행되는 '학교보안관' 사업은 폭력 없는 학교를 위한 오세훈 서울시장의 교육공약사업이다. 하지만 준비과정을 보면 과연 효과를 낼지 의문이다. 특히 '학교보안관' 교육이 일부 졸속 운영될 뿐 아니라, 교육 비용도 취업 희망자에게 전가하고 있다는 데 그 심각성이 있다.

현재 학교보안관 운영권자들은 서울시를 4개 권역을 나눠 맡은 4개 민간경비회사이다. 서울시의 요청으로 일부 업체에서 진행 중인 교육 내용을 보면 인성교육, 성희롱 예방교육, 실무(전문)교육 등이다. 하지만 인성(人性)은 단기 교육보다는 선발 과정에서 살펴야 할 채용요건이라고 여겨진다. 성희롱 예방교육 역시 직장인

법정 의무교육과도 겹친다. 더욱이 실무(전문)교육은 그 내용이 경비업법상의 민간경비회사 신임 교육과정과 매우 흡사하다. 학교보안관이 되려는 사람들 부담으로 70만~90만원의 교육비를 책정해 놓고 36~60시간의 교육을 하고 있다.

경비업법상의 신임교육과정 교육기관은 서울만 13곳, 전국에 45곳에 이른다. 이를 통해서도 학교보안관에게 필요한 전문화교육은 가능한데도, 굳이 일부 사설기관을 '보안교육기관'으로 급조, 유료로 교육해서 '학교보안관 사업'을 볼썽사납게 할 필요가 있는지 모르겠다. 여기에 비영리법인인 한국경비협회 중앙회조차 관련 교육프로그램을 급조해 수익사업에 나서고 있다. 이는 서울시나 국방부 등이 '학교보안관 사업'을 노인이나 제대군인의 일자리 창출 수단으로만 여긴 탓이다.

애초부터 학교보안관에 대한 접근을 '학교에 특화된' 민간경비원 개념으로 시작했어야 했다. 비록 '학생 선도 및 지도 보조업무'도 한다고는 하지만, 민간경비원이라는 본질은 변함없다. 이제라도 서울시가 이를 깨닫고 경비업법을 적용한다면 법령이 정한 전문교육을 4일간에 걸쳐 28시간 동안 받을 수 있고, 교육 비용도 경비업자가 부담하게 되어 학교보안관 희망자들의 부담도 덜 수 있다. 경비업법이 정한 매달 직무교육 4시간은 물론 경비지도사의 현장관리, 운영권자에 대한 행정감독 등으로 이 사업의 지속적인 발전을 담보할 수 있다. 차제에 경찰청도 지방자치단체 사업이니 '나 몰라라' 하지 말고, 서울시의 학교보안관 제도가 경비업법상의 시설경비업무 또는 신변보호업무가 '학교'라는 특화된 장소에 뿌리내릴 수 있도록 협력할 필요가 있다. 서울시 학교보안관 사업의 성패는 여기에 달렸다.

조선일보 오피니언 편집자에게 (2011. 3. 4) A37

朝鮮日報

'학교보안관' 사업, 경비업법 적용해야 한다

이번 달부터 시작되는 서울시의 '학교보안관' 사업이 일부 문제점을 드러내고 있어 안타깝다. 이 사업은 오세훈 서울시장이 폭력 없는 학교를 만들기 위해 학교 내에서 학생을 대상으로 하는 각종 범죄를 예방하려는 취지에서 시작된 교육공약 사업이다. 하지만 이런 취지에도 불구하고, 이를 준비해 나가는 과정을 살펴보면 과연 효과를 낼 수 있을지 의문이다. 특히 학교의 안전을 책임질 학교보안관 근무 예정자의 교육이 일부 파행적으로 운영될 뿐만 아니라, 교육비용도 취업희망자에게 전가하는 모양새를 보이고 있다는데 문제의 심각성이 있다.

학교보안관 제도의 운영권자로 선정된 사업자들은 4개의 민간경비회사다. 하지만 이들 운영사업자들이 자체적으로 실시하는 교육을 들여다보면 '곧장 갈 길을 굳이 돌아간다'는 느낌을 지울 수 없다. 일부업체에서 이미 진행 중인 교육을 보면 인성교육, 성희롱 예방교육, 실무(전문)교육 등이다. 하지만 인성(人性)은 단기간에 교육하려고 하기 보다는 인성이 갖추어진 희망자를 대상으로 선발하는 과정에서 중점적으로 살펴야 할 채용요건이라고 여겨진다.

성희롱 예방교육 역시 직장인이면 받게 될 법정의무교육과도 겹치게 된다. 더욱이 실무(전문)교육은 그 내용이 이들 민간경비회사인 운영사업자들에게도 익숙한 경비업법상의 교육과정과도 매우 흡사하다. 70~90만원에 달하는 교육비 역시 학교보안관을 희망하는 사람들이 부담해야하며, 36시간 내지 60시간의 교육을 실시하고 있다. 현재 이러한 교육이 가능한 경비업법상 규정된 법정교육 프로그램인 일반경비원 신임교육은 지난 2006년부터 경찰청이 주도해 온 민간경비원 직업전문화과정으로서, 교육기관은 서울에만 13개소, 전국적으로는 45개소에 이르고 있다.

이를 통해 그동안 쌓은 교육성과를 보더라도 상대적으로 체계적인 교육이 가능하다고 판단된다. 여기에 특별히 학교보안관에게 요구되는 전문적 교육이 필요하다면 별도의 교육과정을 추가해서 실시하면 된다. 이렇게 잘 정비된 관련 법령과 제도를 굳이 외면하면서까지 급조된 사설교육기관에서, 그것도 자비로 사전 교육을 하도록 해서 '학교보안관' 사업을 볼썽사납게 할 필요가 있겠는가. 이러한 논란에는 서울시의 무지와 한국경비협회의 단시안적 사업의욕, 여기에 경찰청의 무관심까지 한몫했다.

학교보안관 사업의 취지에 비추어 보더라도, 애초부터 학교보안관에 대한 접근을 '학교에 특화된' 민간경비원 개념으로 시작했어야 했다. 학교보안관 사업 참여업체 모집공고에서도 '3년 이상의 유경험인(경비업법상의 제도인) 경비지도사'를 예정하고 있다. 비록 '학생 선도 및 지도 보조업무'도 하게 된다고는 하지만, 학교 범죄예방을 위한 민간경비원의 본질을 바꾸는 것은 아니다. 명칭부터 학교 '보안관'이 아닌가. 이제라도 사업을 주관하는 서울시나 한국경비협회, 그리고 경찰청은 학교보안관제도가 그 취지에 비추어 민간경비원의 본질을 가지고 있음을 굳이 외면해서는 안 된다.

경비업법을 적용한다면 규정상 법정 전문교육을 4일간에 걸쳐 28시간 동안 받을 수 있고, 교육비용도 당연히 경비업자가 부담하게 된다. 학교보안관 사업이 지속적으로 발전하려면 경찰청의 지도와 감독이 불가

피하다. 현재대로라면 질적 수준을 담보해 낼 수 없다. 차제에 경찰청도 서울시의 학교보안관제도를 경비업법상의 경비업 가운데 시설경비업무 내지 신변보호업무 차원에서 운영될 수 있도록 적극적으로 검토할 필요가 있다.

보안뉴스 2011년 3월 22일

시큐리티월드(2011년 3월호, 통권 170호)

보안뉴스

시큐리티월드

정부세종청사 保安도 위협하다

이번 정부서울청사 보안 사고 소식을 접하며, 2014년 미국 방문 당시 장면들이 먼저 떠올랐다. 9·11 테러가 일어난 뒤 12년이 지난 때였지만, 지방 공항 환승 구역은 물론 워싱턴 미 의회도서관, 뉴욕 공공박물관 등 어느 곳에서도 예외 없이 가방과 신발, 심지어 허리띠까지 벗고 X-레이 검색대를 통과해야 했다. 현장의 보안요원들은 한결같이 진지했고, 방문객들 역시 이를 당연한 절차로 받아들였지 누구 하나 대놓고 불평하는 사람은 없었다.

보안에서도 결국 가장 중요한 것은 사람이다. 이런 점에서 보면 이번 정부서울청사 사건은 어쩌면 예견된 일이었다고도 할 수 있다. 전국 10개 정부청사의 방호를 맡은 조직의 인적 구성은 제각각인데, 민간 신분의 특수경비원, 일반공무원인 방호직렬 방호원, 국가경찰공무원인 청사경비경찰이 뒤섞여 근무하고 있다. 이렇게 책임과 권한, 처우가 다른 인력이 뒤엉킨 구조에서는 비슷한 유형의 사고가 다시 발생할 가능성도 적지 않다.

특수경비원 제도는 2001년 인천공항 개항을 앞두고, 안전보다는 비용 절감 논리가 앞서면서 도입된 민간경비 제도다. 당시에도 국가경찰과 청원경찰 제도가 있었음에도 불구하고, 국가중요시설 방호업무에 특수경비원이라는 새로운 민간경비 인력을 급하게 만들어 투입했다. 공항 운영에서 경비 비용을 줄이는 경제 논리가 크게 작용한 탓에, 지금까지도 특수경비원들은 같은 업무를 하는 공항공사 소속 직원들에 비해 임금과 신분 보장에서 상당한 차별을 감내하고 있다.

국가중요시설에서 근무하는 특수경비원 입장에서 보면, 자신이 소속된 도급회사가 재계약에 실패하면 곧 생계가 흔들린다. 이런 현실에서 공무원이나 민원인에게 "규정대로 엄격한 보안을 지켜 달라"고 당당히 요구하기란 사실상 어려운 일이다. 오히려 회사로부터는 '친절 응대'와 '민원 발생 방지'를 반복적으로 교육받는다. 보안과 편의는 원래 상충하는데, 실제 현장에서는 편의 쪽으로만 기울어지는 셈이다. 규정을 어긴 채 출입하려는 '갑' 위치의 공무원에게 원칙을 들이밀기에는, 도급계약 연장이라는 현실의 압박이 너무 버겁다.

여기에 이번 정부서울청사 사례처럼, 대테러 특별경계 근무 기간임에도 대학생이 사실상 자유롭게 드나들 수 있었던 이유 중 하나는 방호원이 비무장이라는 점이다. 현행 법령상 방호원에게는 무장 권한이 없어, 유사시에는 청사 경비경찰에게 도움을 요청하도록 되어 있다. 가장 즉각적인 대응이 필요한 최전선에서, 애초부터 '골든 타임'을 놓칠 수밖에 없는 구조를 만들어 둔 셈이다. 만일 그 대학생이 파리 테러범처럼 시설 파괴나 주요 인사에 대한 살상을 노리고 접근했다면, 정부에 대한 국민의 신뢰와 국가 이미지에 미쳤을 충격은 상상하기조차 어렵다.

현재 정부가 출입 방식을 지문 인식 시스템 등으로 바꾸는 방안을 검토하는 것은, 이미 사고가 난 뒤 외양간 구조만 손보려는 격이다. 다시 한번 "소를 지키는 사람"의 중요성을 놓치고 있는 것이다. 공항 등 다중이용시설에서는 특수경비원과 같은 민간경비 인력을 계속 활용하더라도, 정부청사처럼 국가 핵심 인력과 전략 물자가 있는 시설에는 최소한 공무원에 준하는 신분과 급여가 보장되고, 필요 시 무장도 가능한 시설보안 전담 인력을 두어야 한다. 나아가 전국 10개 정부청사의 운영과 관리를 통합해 책임질 가칭 '정부시설보안관리단' 설치도 진지하게 검토할 만하다.

조선일보 오피니언 발언대(2016. 4. 19) A29면

朝鮮日報

'전북형 셉테드'가 오고 있다

자치경찰제가 본격 시행된 지도 어느덧 1년 반이 지났다. 언론에서는 여전히 시민들이 제도 변화를 뚜렷하게 체감하지 못한다고 지적한다. 경찰 제복이나 순찰차 도색이라도 확 바뀌었다면 변화가 한눈에 들어왔을지도 모른다. 그러나 치안과 경찰활동은 주민들의 일상을 둘러싼 공기 같은 존재여서, '바뀌었다'는 느낌을 즉각적으로 전달하려는 인위적인 시도와는 애초에 거리가 있을 수밖에 없다.

이러한 점에서 지난달 14일 전북도청에서 열린 전라북도 자치경찰 정책포럼은 매우 의미 있는 메시지를 던졌다. 전북형 셉테드(범죄예방 환경개선) 사업의 발전 방향을 논의하는 자리에서 김관영 도지사는 축사에서 "전북이 하면 곧 대한민국의 표준이 되도록 해 달라"고 강조했다. 이원화 자치경찰제로의 전환을 앞둔 시점에서, 범죄 문제에 대해 이보다 더 결연하고 인상적인 리더십을 찾기 어렵다고 본다.

정책포럼 다음 날인 지난달 15일, 행정안전부가 발표한 2022년 전국 지역안전지수에서 전북은 교통, 화재, 생활안전, 자살, 감염병 등을 포함한 6개 분야 가운데 '범죄' 부문에서 최고 등급인 1등급을 받았다. 범죄 부문 1등급을 받은 곳은 세종시와 전북 두 곳뿐이어서, 전북이 세종시와 비슷한 수준의 쾌적한 안전 환경을 갖추었다는 의미로 해석할 수 있다. 이런 성과는 자치경찰 시행 이후 자치경찰위원회를 중심으로 펼쳐 온 다양한 범죄예방 활동의 결실로 보인다. 특히 17개 광역자치단체 가운데 모든 분야에서 1~3등급 평가를 받은 곳이 전북 한 곳뿐이라는 점은, 서울 · 제주 · 전남 등 다른 지역이 하나 이상 4~5등급을 기록하고 있는 현실과 분명히 대비된다. 여기에 기초자치단체 중 완주군 · 장수군 · 부안군이 지역안전지수를 한꺼번에 3등급씩 끌어올린 사실은 전북의 잠재력이 얼마나 큰지 잘 보여준다.

이처럼 거침없이 속도를 내는 전북자치경찰위원회의 의욕은 '전북형'이 곧 '한국형'이 되는 시대를 열겠다는 의지로 읽힌다. 다만 한 가지 당부하고 싶은 점은, 도민 모두를 범죄로부터 안전하게 만드는 일만큼은 기존의 마을환경 개선 사업과는 분명히 구분해 달라는 것이다. 마을환경 개선 사업을 통해서도 지역사회의 여러 문제를 완화할 수 있겠지만, 셉테드는 사업지 선정 단계에서부터 증거기반(Evidence Based) 방식으로 범죄 취약 지역을 우선 발굴해야 한다는 점에서 정책 결정 과정이 근본적으로 다르다. 대전 등 일부 지역에서 셉테드 사업이 몇 년을 버티지 못하고 흐지부지된 배경에는, 셉테드 대상지를 정하는 과정에서 낙후 지역에 대한 정치 · 행정적 배려를 서둘러 앞세운 점도 한몫했다.

셉테드 사업이 단순한 마을환경 개선 사업과 뚜렷이 구분되는 지점은, 국가기관이 일회성으로 환경을 고쳐주는 데 그치지 않고, 주민이 적극적이고 지속적으로 참여해야 진짜 효과가 난다는 데 있다. 주민 참여 없이 기관이 주도하는 셉테드는 일시적인 물리적 환경 손질로만 인식되기 쉽고, 결국 행사성 사업으로 끝날 위험이 크다. 주민들이 자신의 생활공동체에 대한 안전 요구를 분명히 인식하고 적극적으로 참여하고, 지방자치단체가 유지 · 보수에 대한 꾸준한 관심과 예산 지원을 뒷받침해 줄 때 비로소 전북형 셉테드는 주민들의 일상 속에 자연스럽게 스며드는 생활 정책이 될 것이다.

전북도민일보 오피니언 (8면, 2023.1.11.)

창간 37 전북도민일보

경찰 바디캠 도입으로 확 바뀔 치안현장

경찰은 흔히 권력기관이라는 인식 때문에 인권침해의 잠재적 가해자로 의심받아 왔다. 그 영향인지, 현실에 대한 불만을 욕설이나 폭력으로 표출해도 비교적 부담 없이 대상이 되는 존재로 여겨지기도 한다.

바디캠(Body Cam)은 그동안 공무집행방해나 수사·단속 과정에서 끊임없는 시비에 노출돼 온 경찰관들이 개인 비용을 들여 구입하고 사용해 왔다. 그러나 올해 경찰관직무집행법이 개정되면서, 오는 7월 31일부터는 경찰장비의 하나인 '경찰착용기록장치'로 공식 도입된다.

바디캠 도입은 매우 신중한 절차를 거쳐 왔다. 경찰

은 2015년 개인정보보호위원회 심의를 거쳐 100대를 도입해 2021년까지 시범 운영한 바 있다. 당시에는 경찰관이 직무 수행 중 폭언이나 폭행을 당하는 상황에서 공무집행방해에 대응하기 위한 증거 확보에 초점을 맞췄다.

그럼에도 불구하고 민감한 개인정보를 다루는 신기술이라는 점에서 법적 통제가 필요하고, 국민적 공감대가 충분히 형성되지 않았으며, 인권침해 우려가 제기된다는 이유로 운영은 중단됐다.

바디캠은 경찰관뿐 아니라 시민의 안전을 지키고, 분쟁 상황에서 객관적인 영상 증거를 확보하는 데 유용한 장비다. 선진국에서는 바디캠이 경찰의 과도한 법 집행을 감시할 수 있는 수단으로 받아들여지며 공감을 얻었다.

반면 우리나라에서는 주로 공무집행방해 행위나 무분별한 민원 제기를 억제하고, 폭언·폭행 등의 상황을 입증할 증거 확보 수단으로 도입 필요성이 논의돼 왔다. 더 나아가 경찰관과 상대방의 행동을 영상으로 분석해 교육훈련 자료로 활용할 수 있다는 점에서, 경찰의 전문성을 높이는 효과도 기대할 수 있다.

선진국들은 속속 도입하는 추세

바디캠은 약 10여 년 전부터 필요성이 제기되었고, 현재는 선진국을 중심으로 빠르게 확산되고 있다. 영국 런던경찰은 2016년부터 모든 외근 경찰관에게 바디캠 착용을 의무화했으며, 그 결과 법 집행의 투명성이 크게 향상됐다.

프랑스 역시 2013년부터 주·야간 촬영이 가능한 바디캠을 도입해 불심검문 등 공무집행에 활용하고 있다. 특히 공무집행 과정에서 발생할 수 있는 몸싸움이나 언쟁 등 사후 분쟁 우려가 있는 상황에서 실질적인 효과를 거두고 있다.

미국 일리노이주는 2015년부터 바디캠 사용을 시작했지만, 일부 경찰관들은 감시 강화로 인해 경찰력이 약화될 수 있다며 반발하기도 했다. 그러나 경찰의 법 집행 과정에서 발생한 시민 사망 사건을 계기로 바디캠이 전격 도입되었고, 이후 경찰권 행사의 공정성과 투명성을 높이는 데 기여하고 있다.

경찰관직무집행법 개정으로 바디캠은 사건·사고 현장에서 객관적 사실을 기록하고 전달하는 중요한 도구가 되었다. 개정된 법은 경찰관이 피의자를 체포하거나 구속하는 경우, 범행 중이거나 범행 직전·직후로 증거 보전의 필요성과 긴급성이 있는 경우, 그리고 일정한 재난이나 응급구호 상황 등에서 직무 수행 과정을 근거리에서 영상과 음성으로 기록할 수 있도록 규정하고 있다.

새로운 제도가 도입될 때에는 그에 따른 부작용을 세심하게 살펴볼 필요가 있다. 현재 지역경찰의 약 12%는 개인적으로 바디캠을 구매해 사용하고 있는 상황이다. 예산 여건상 내년부터 4년에 걸쳐 단계적으로 보급될 예정이어서, 그 전까지는 개인이 구매한 장치를 등록해 사용하는 방식이 불가피하다. 이로 인해 장비 관리에 상당한 어려움이 예상된다.

따라서 장비 도입에 속도를 내 경찰청 공식 기기를 조속히 보급하고, 사용과 관리에 대한 엄격한 기준을 마련할 필요가 있다.

앞으로 제도 시행을 위해 준비해야 할 과제도 적지 않다. 촬영 목적을 합리적으로 제한하고, 개인정보가 유출되거나 위·변조 또는 훼손되지 않도록 영상정보의 안전성을 확보하는 것이 핵심이다.

임의 편집이나 복사·삭제를 금지하는 것은 물론, 촬영된 영상은 실시간으로 데이터센터에 전송·공유되고 전 과정이 연속적으로 기록되어야 한다. 영상정보의 처리 방식과 보관 기간 역시 합리적으로 설정되어야 한다. 바디캠 영상 저장과 관리를 위한 정보 데이터

베이스를 최소한 시·도경찰청 단위로 체계적으로 구축해, 바디캠이 '판도라의 상자'로 오해받지 않도록 안전하게 운영함으로써 국민의 신뢰를 확보해야 한다.

불필요한 민원 줄여 경찰인권 보장 기대

과거 도입 당시 많은 논란이 있었던 CCTV는 이제 시민의 자유와 안전을 지키는 중요한 수단으로 자리 잡았다. 휴대전화로 경찰의 직무 수행을 촬영하는 일이 일상이 된 지금, 바디캠의 본격적인 도입은 공무집행방해와 무분별한 민원 제기를 줄이고 경찰관의 인권을 보호하는 데에도 도움이 될 것이다.

누가 보지도, 듣지도 않던 시대를 지나 이제는 바디캠이 보고 듣는 시대가 열리고 있다. 바디캠 도입을 계기로 치안 현장이 한 단계 더 성숙해지길 기대한다.

내일신문 칼럼 「신문로」 (22면, 2024.6.17.)

내일신문

'범죄예방기본법'의 제정과 '참여치안'의 의미

말도 많고 탈도 많았던 제19대 국회는 회기를 마치고 이제 역사의 뒤안길로 물러났다. 2012년 이후 끊이지 않던 국회 내 갈등을 해소하기 위해 국회법 개정, 이른바 '국회선진화법'이 도입되면서 '동물국회'라는 오명에서는 벗어났지만, 그 대신 민생 입법에 소극적인 모습이 이어지며 '생산성'이라는 말이 무색한 '식물국회'로 전락한 모습 또한 지켜봐야 했다. 이러한 상황 속에서 출범한 제20대 국회는 말만 앞세우고 행동은 따르지 않는다는 'NATO(No Action Talking Only) 국회'라는 평가를 넘어서야 하는 막중한 시대적 과제를 안고 출발했다.

그러나 그동안 반복된 실망으로 인해 국민의 시선은 여전히 냉담하다. 국회가 스스로 만든 법을 제대로 지키지 않고, 국민의 삶과 직결된 민생입법에 소홀했던 사이 강남역 인근 화장실 살인사건, 전남 신안 섬마을 여교사 성폭행 사건, 수락산·사패산 등산객 살인사건 등 강력범죄가 잇따라 발생했다. 그 결과 국민이 체감하는 치안 수준은 크게 낮아졌다. 이러한 상황에서도 법질서 유지와 공공의 안전을 위해 노력하는 개인과 단체, 관련 기관들은 범죄예방과 관련된 입법 미비로 인해 적극적인 대응에 한계를 느낄 수밖에 없는 실정이다. 경찰청이 밝힌 2016년 주요 업무계획에서도 '예방치안', '과학치안', '참여치안'을 국민에게 책임을 다하는 경찰을 위한 3대 기반 과제로 제시하고 있다.

하지만 현행 법과 제도로는 범죄예방 분야에서 '참여치안'이 제대로 작동할 수 있는 환경이 충분히 마련되었다고 보기는 어렵다. 지금까지 민간의 참여란 국가경찰이 기획하고 주도하는 틀 안에서 형식적으로 협조하는 수준에 머물렀고, 실제로는 국가경찰을 보조하는 역할에 그친 경우가 대부분이었기 때문이다.

국민의 비판과 실망 속에서도 제19대 국회에서는 범죄예방과 국민안전과 관련된 다수의 법률안이 논의되었다. 그러나 지난 5월 29일 국회 임기 종료와 함께 자동 폐기된 1만여 건의 법안 가운데에는 '스토킹 처벌 및 피해자 보호에 관한 법률안', '노인학대범죄의 처벌 등에 관한 특례법안', '데이트폭력범죄의 처벌 등에 관한 특례법안', 그리고 '범죄예방기본법'과 같은 중요한 민생 법안들이 다수 포함되어 있었다.

이제 제20대 국회는 이러한 민생·치안 관련 법률안을 조속히 다시 발의하고, 실질적인 법률로 완성해 주기를 기대한다. 이하에서는 특히 '범죄예방기본법' 제정의 필요성을 살펴보고, 미래의 바람직한 국가 치안 시스템을 구축하기 위한 방안으로서 '참여치안'의 가치를 어떻게 구현할 것인지, 그 과정에서 민간경비의 역할을 포함한 법률안의 개선 방향을 모색하고자 한다.

'범죄예방기본법'의 제정 및 보완의 필요성

강남역 인근 화장실 살인사건을 비롯해 최근 잇따르고 있는 이른바 '묻지마 범죄'와 같은 불특정 다수를 대상으로 한 강력범죄는 사회 전반에 큰 충격을 주었고, 특히 여성 등 사회적 약자의 불안감을 크게 증폭시켰다. 정신질환자에 대한 국가 차원의 체계적인 관리가 충분하지 않은 상황에서, 경찰을 비롯한 사회 전반의 치안 인프라를 총동원해 범죄 취약지역의 안전을 강화하고, 범죄예방과 선제적 대응을 더욱 강화해야 할 필요성은 그 어느 때보다 커졌다.

이번 강남역 인근 화장실 살인사건은 자칫 조현병을 앓고 있는 정신질환자에 의한 단순 강력범죄로 치부될 수도 있었지만, 시민사회의 반향은 크게 출렁였다. 이를 통해 우리는 그동안 여성은 물론 노인과 아동 등 사회·경제적 약자에 대해 얼마나 무관심했는지, 나아가 문제의 근본적 해결을 위한 최소한의 논의조차 외면해 왔다는 사실을 되돌아보게 된다. 이제 우리 사회 전체가 인식을 새롭게 하고, 약자를 향한 폭력의 구조를 입법적 노력으로 바로잡아야 할 시점이다.

국가는 사회적 약자를 보호하기 위한 안전망을 더욱 촘촘히 구축해야 하며, 그 일환으로 '범죄예방기본법'을 비롯한 관련 민생 법률의 제정이 필요하다. 동시에 우리 사회가 보유한 다양한 치안 인프라를 '참여치안'이라는 이름 아래 효과적으로 결집시킬 지혜도 요구된다. 이러한 변화의 중심에 '범죄예방기본법'이 자리해 범죄예방 정책의 기준과 방향을 제시해야 하며, 제19대 국회에서 자동 폐기된 법안에 대한 보완 작업 역시 병행되어야 한다.

'범죄예방기본법'이 지니는 가장 큰 의미는 범죄예방에 대한 국가 인식의 전환에 있다. 과거처럼 경찰력에만 의존하는 방식에서 벗어나, 사회 전반의 치안 자원을 적극 활용하는 협력과 연계의 개념이 법률에 명확히 반영되어야 한다. 그러나 제19대 국회에서 논의되었던 법안은 협력적 범죄예방체계나 셉테드(CPTED) 기법, 범죄예방디자인 인증제도 등을 일부 법제화하는 데 그쳐, 정책 패러다임의 전환이라고 평가하기에는 다소 아쉬움이 남는다.

더욱이 이러한 제도와 기법은 해외 주요 국가에서 이미 그 정책효과가 검증되었고, 우리나라에서도 이미 개별 기관 차원에서 민간부문의 참여를 통한 범죄통제 등 관련 정책들을 부분적으로 시행하여 왔다는 점에서, 법률 차원에서 새롭게 제시된 내용이라고 보기에는 한계가 있다.

범죄의 예방은 범죄가 가지고 있는 특성상 일부 기관이나 단체의 노력만으로는 달성하기 어렵다. 범죄예방을 위한 관련 기관들의 각종 정책적 시도를 국가적 차원은 물론, 특히 '민간의 참여'를 통한 사회적 · 시민적 차원에서도 종합적이고 체계적으로 협력할 수 있는 제도적 장치를 마련해야 한다.

각 기관이 개별적으로 추진해 온 범죄예방 정책을 유기적으로 연계하고 조정할 수 있는 범국가적 · 사회적 범죄예방체계를 마련해야 한다는 점에서, '범죄예방 기본법'의 제정 및 보완의 필요성은 더욱 절실한 과제가 되었다.

'범죄예방기본법'의 주요 내용과 한계

법률안은 국가와 지방자치단체의 인적·물적 자원만으로는 범죄예방에 한계가 있다는 인식 아래, '범죄예방'과 '범죄예방디자인'의 개념을 정의하고 있다. 경찰청장이 범죄예방자문위원회의 의견을 반영해 5년 단위의 범죄예방기본계획을 수립·시행하고, 매년 시행계획을 마련해 관계 기관에 통보하도록 하는 내용도 담고 있다. 또한 경찰청장은 범죄예방을 위한 주요 정책자문을 수행하고 관계 부처와의 업무협의·조정 등을 위하여 민·관 위원 10인 이상 30인 이내로 범죄예방자문위원회를 설치해 정책 자문과 부처 간 협업을 추진하고, 범죄예방디자인 활성화사업을 촉진하고 이에 대한 인증제를 실시하도록 규정하고 있다.

아울러 범죄예방강화구역의 지정·관리, 위해에 대한 예보·경보 및 조치를 할 수 있도록 하고, 특히 국가와 지방자치단체는 자율방범·교통안전·학교폭력 및 청소년 계도활동 등을 수행하는 범죄예방자원봉사단체의 육성을 활성화하고, 이들 단체의 활동에 필요한 행정적·재정적 지원을 할 수 있도록 하여 '협력치안'의 문호를 확대하고 있다. 나아가 협력적 범죄예방을 위한 정책연구 등 관련 사업을 효율적으로 추진하기 위하여 범죄예방공단을 설립할 수 있도록 하는 등,

과거 어느 법안보다도 참신하고 획기적인 내용을 담고 있음을 볼 수 있다.

다만, 각종 범죄의 위해에 대한 대비와 예방은 국가기관이 단독으로 대응할 수 있는 수준을 넘어 국가·지방자치단체·공공기관·사회단체 및 지역주민 모두가 예방의 주체가 되어 협업하여야만 달성할 수 있는 영역이므로, 범죄예방계획의 수립과 협업을 도모할 수 있는 입체적이고 종합적인 접근이 요구된다.

하지만 범죄의 잠재적 위험에 대비하기 위한 노력으로 경찰 등 각 부처 및 지방자치단체에서 개별적으로 접근해 오고 있었던 범죄예방환경디자인 기법을 총괄하고 확대하여, 국민이 각종 범죄로부터 벗어나 안전한 생활을 누릴 수 있도록 범죄예방환경디자인의 활성화, 민간범죄예방봉사단체의 육성 등 협업적·과학적 범죄예방의 기반 마련에도 불구하고, 범죄예방활동을 '산업화'하고 이를 창업과 경제의 성장 동력으로 연결시키려는 내용을 담고 있지 않았다는 점에서 아쉬움이 남는다.

우리나라의 국가·사회적 성장단계를 고려해 보더라도, 범죄예방에 참여하는 민간을 동 법안의 내용처럼 반드시 '봉사단체'로만 볼 것은 아니다. 현행 경찰 중심의 범죄예방체계를 보완하여 국가와 지방자치단체 및 민간 분야가 모두 참여할 수 있는 종합적이고 효과적인 범죄예방체계를 구축하고자 하였다는 점은 높이 평가할 수 있다. 다만 여기에다가 이러한 아쉬움을 보완할 수 있도록 국가 · 사회 · 시민, 그리고 민간경비산업의 전문성이 가미되어 창업 및 일자리 창출 그리고 경기활성화로 이어지는 경제적 연관효과를 고려하는 법안 내용의 보완이 있었으면 하는 바람이다.

국가의 '범죄예방' 활동과 민간의 '참여'

대개 경찰과 민간경비의 공통된 존재 이유(미션)는 '범죄를 미리 막는 것'이라고 말한다. 다만 '범죄예방기본법'은 협력적 범죄예방 체계를 세운다는 취지 아래, 환경디자인을 통한 범죄예방 기법 도입 · 확산과 이를 보다 제도적으로 구체화한 범죄예방디자인 인증제도 도입 등을 규정하고 있다. 그러나 이런 몇 가지 개념과 제도를 법률에 넣었다고 해서, 곧바로 범죄예방 정책을 국가 차원에서 종합적 · 체계적으로 추진하겠다는 최초 입법 의도가 충분히 실현되었다고 보기는 어렵다.

이 법률안이, 지금까지의 '경찰 중심 범죄예방 체계'를 '협력적 범죄예방 체계'로 바꾸겠다는 전제 위에서 사회 구성원들이 함께 참여하는 구조를 대안으로 삼았다면, 우리 사회 치안 인프라 가운데 이미 직업적 · 전문적 성격을 갖춘 민간경비 조직의 참여 가능성을 더 구체적으로 설계할 필요가 있었다. 시민과 공공기관 등 지역사회 구성원들의 자발적 참여와 협력을 이끄는 ‘마중물’ 역할을 하면서도, 밤에는 쉬어야 하는 일반 시민을 대신해 직업적 전문성을 발휘할 민간경비산업의 역할을 배제한 채, 생업으로도 바쁜 일반인이나 봉사단체에만 막연히 기대고 있는 점은 이 법안이 반드시 보완해야 할 아쉬운 부분이다.

또 이 법안은 셉테드(CPTED) 기법의 도입 · 확산을 뒷받침하는 법적 · 제도적 기반을 마련하는 데 지나치게 무게중심을 둔 인상을 준다. 2005년 전후로 경찰청과 지방자치단체가 셉테드를 도입한 이후, 경찰청의 ‘편의점 방범 인증제’(2013년 시작)나 서울시 주거환경 관리사업에 대한 ‘셉테드 가이드라인’ 적용 등은 분명 적지 않은 반향과 성과를 보여 왔다. 그럼에도 셉테드가 곧 ‘참여치안’에 의한 ‘범죄예방’의 전부는 아니기 때문에, 더 많은 개인과 기관이 다양한 방식으로 참여할 수 있도록 길을 넓혀야 한다는 점에서 이 부분은 아쉬움이 남는다. 결국 이 법률안은 범죄예방디자인 인증제도 등을 주요 내용으로 삼고 있지만, 과연 법 이름처럼 국가의 범죄예방 업무 전반을 아우르는 ‘기본법’으로서 필요한 요소들을 균형 있게 담고 있는지에 대해서는 논쟁의 여지가 있다고 본다.

오늘날 범죄예방은 어느 한 기관이 단독으로 대응할 수 있는 차원을 넘어서, 정부 부처 간 긴밀한 협력이 필수적이 된 영역이다. 이 법률안은 국가와 지방자치단체가 범죄예방 자원봉사단체를 행정·재정적으로 지원하도록 하고, 범죄예방 정책 연구를 위한 범죄예방공단 설립 근거도 두고 있다. 그러나 '참여치안'이라는 이름값을 고려하면, 여전히 새로운 국가기관이나 공공단체를 중심에 두고 범죄예방을 이야기하려는 태도에서 완전히 벗어나지 못했다는 비판을 피하기 어렵다.

원래 '참여'와 '협치'라는 개념에는 국가·공공기관과 더불어 민간이 함께 문제 해결에 나선다는 요소가 핵심으로 들어 있다. 그럼에도 민간이 참여할 수 있는 영역을 '범죄예방디자인' 등 몇 가지 요소로만 한정하거나, 범죄예방공단 설립처럼 여전히 국가기관 중심의 정책 틀 안에서 범죄예방을 추진하려는 것은, '범죄예방기본법'이라는 법의 성격에도 맞지 않고, 법률안 내용에 비해 지나치게 큰 간판을 달아 놓은 어색한 입법이라는 평가를 받을 수 있다.

범죄예방디자인은 범죄예방의 전부가 아니다. 이제는 '범죄예방에 관한 기본을 정한 법'이라는 이름에 걸맞은 내용과 위상을 확립하고, 보다 실질적인 '참여'와 '협치'를 끌어낼 수 있는 구체적 장치를 마련해야 한다. 민간단체의 봉사활동은 물론이고, 민간경비산업이 시장경제 원리에 따라 치안서비스를 함께 만들어 가는 구조를 국가 범죄예방계획에 과감히 도입할 필요가 있다. '치안서비스 공동생산'이라는 가치가 제대로 구현될 수 있도록, 보다 성숙한 자세로 범죄예방기본법 논의에 참여하고 설계해 나가는 일이 지금 우리 사회에 요구되는 지혜라고 생각한다.

Korea Security Association-나라사랑(교수논단)
2016년 5 · 6월호, 통권 185호: 26-29.

경찰과 민간 경비 '치안 파트너십' 확충을

지난달 사단법인 한국경비협회가 주최한 '민간 경비의 날' 행사에서 경찰 간부가 축사를 하고, 경찰 악대까지 공연을 지원한 일을 두고 한 일간지가 비판 기사를 실었다. 그 신문 보도에 따르면, 용역 폭력이 사회적 논란이 되는 상황에서 민간경비 단체를 향해 '감독'은커녕 '공조'를 강조하는 축사를 한 것은 부적절하다는 것이다. 이 논란은 경찰과 민간경비의 치안 파트너십을 바라보는 우리 사회 인식의 현주소를 잘 보여준다.

현대적 의미의 민간경비는 1850년대 미국에서 시작되어, 이미 긴 역사와 전통을 쌓아 왔다. 세계 최대 경비회사인 지포에스(G4S)는 63만 명이 넘는 직원을 두고 125개국에서 민간은 물론 공공기관을 대상으로 경비 · 보안 서비스를 제공하고 있다. 2위 규모인 시큐리터스(Securitas) 역시 약 30만 명이 50여 개국에서 활동하고 있으며, 특히 1999년과 2000년에 미국 민간경비 역사에서 상징적 존재인 핑커튼(Pinkerton)사와 번스(Burns)사를 인수해, 세계 각국의 치안 수요에 거대한 자본과 조직력을 바탕으로 솔루션을 제공하고 있다.

민간경비업체들의 서비스 영역이 점점 다양해지면서, 이제 치안 서비스는 국가와 민간의 역할 구분이 예전처럼 뚜렷하지 않게 되었다. 미국은 이미 1985년과 1990년에 '홀크레스트 보고서(Hallcrest Report)' 등을 통해 민간의 치안 역할 확대에 관한 연구를 국가 차원에서 추진해 왔고, 이는 오늘날 경찰과 민간경비 간 치안 협력 모델의 좋은 참고 사례가 되고 있다. 우리나라 역시 1999년 '용역경비업법'에서 '용역'이라는 표현을 떼고 '경비업법'으로 바꾸며, 경비업의 건전한 운영을 위해 제도 정비에 힘써 왔다. 그럼에도 아직 보완하고 발전시켜야 할 과제가 적지 않다.

일부 경비업체가 폭력 사태로 사회적 물의를 일으킨 것은 분명한 사실이다. 그렇지만 밤낮없이 현장을 지켜 온 약 40만 명의 경비 근무자들의 수고와, 3,600여 개 민간경비업체가 산업화 · 정보화 · 도시화가 요구하는 다양한 경비 수요에 맞춰 어려운 환경 속에서도 바른 성장을 이어 가고 있다는 사실도 함께 기억해야 한다. 특히 복지국가를 지향하는 지금은 국가와 사회, 그리고 국민 모두가 사회질서 유지와 공공의 안녕에 대해 공동 책임 의식을 갖는 새로운 치안 개념과 역할 분담이 필요한 때다.

경찰력만으로는 점점 한계가 뚜렷해지는 현실에서, 우리가 발휘해야 할 지혜는 경찰 인력을 적정 수준으로 보강하는 동시에, 이미 존재하는 다양한 치안 인프라를 효과적으로 조직하고 운영하는 데 있다. 바로 이런 이유에서, '민간 경비의 날'에 축하와 협력을 약속하는 손을 내민 경찰의 선택을 응원하고 싶다.

조선일보 오피니언 발언대(2012. 10. 8)

朝鮮日報

보안산업과 산업보안

우리나라에서 현대적 의미의 민간경비 산업은 1950년대 군납 경비 서비스에서 출발했다. 1980년대 말에는 대학에 '민간경비론' 강좌가 처음 개설되면서 학문적 토대가 마련되었다. 이를 기반으로 물리적 보안을 핵심 내용으로 하는 '민간경비(Private Security)'는 2000년대 초 '산업기밀보호'의 중요성이 부각되기 전까지 꾸준히 연구되며 적지 않은 성과를 축적해 왔다.

그런데 일부에서는 이 두 영역을 전혀 다른 분야로 구분해 보려 하거나, 한 영역이 다른 영역을 흡수·지배하는 위상 문제로만 이해하려는 경향이 있다. 오늘날 산업보안(Industrial Security)을 정보보안, 사이버 보안 정도로만 좁게 보고, 기존 보안(민간경비)과는 논의 방향을 아예 달리 가져가려는 시도도 눈에 띈다. 이런 시각에서는 산업보안을 곧 산업기술과 국가기밀 유출을 막는 업무로만 제한해 버리는데, 이는 스스로 관심 범위를 축소시키고 인접 영역에 불필요한 장벽을 쌓는다는 점에서 섣부른 겸손이자 지나친 독선이기도 하다. 여기에 산업계의 요구와 더불어 국가정보원·산업통상자원부 등 국가기관이 관련 법과 예산으로 기술개발과 전문인력 양성을 정책적으로 지원하고 있고, '산업보안'이라는 이름 자체가 대외적으로 눈에 잘 띄는 '정책적 간판' 역할을 한다는 점도 영향을 미친 것으로 보인다.

보안(Security)은 고의든 과실이든 '사람의 행위에 따른 침해'를 전제로 한다는 점이 핵심이며, 그 앞에 어떤 수식어가 붙더라도 범죄예방을 최우선 목표로 삼는다는 점은 변하지 않는다. 이런 의미에서 기존 보안산업(민간경비)과 산업보안은 결코 서로 떨어진 별개 영역이 될 수 없다. 더구나 산업기술과 국가기밀이 마치 바닷가 모래사장 위에 놓인 네트워크 컴퓨터 속에만 덩그러니 존재하는 것이 아닌 이상, 산업보안 논의에서 물리적 보안을 배제하거나 주변으로 밀어낼 수는 없다.

현실에서 산업기술과 국가기밀은 보안요원, 출입 통

제가 된 외곽 담장, 바이오 인식 시스템이 작동하는 출입문, 침입 감지기가 설치된 창문, 이중 잠금장치가 갖춰진 금고 등 일련의 물리적 보안 설비 위에서 비로소 안전하게 지켜진다. 산업보안의 본질은 민간경비이며, 따라서 기존 보안산업 영역의 확장이자 특화된 형태라는 점을 간과해서는 안 된다. 애초 1980년대 민간경비 이론이 국내에 도입될 당시에는 '국가 주도' 경비조직의 공백을 메우면서 '민간이 주도'하는 서비스 산업으로 자리 잡기 위한 고육지책으로 이 명칭을 사용했던 역사도 함께 돌아볼 필요가 있다.

이제 '산업보안'은 하나의 서비스 산업으로 자리 잡았고, 보안의 대상과 현장을 보다 구체화해 부르는 또 다른 이름의 민간경비(Private Security)에 가깝다. 금융보안(Financial Security), 물리적 보안(Physical Security), 정보보안(Information Security) 등은 각각 보안이 이뤄지는 장소, 수단·방법, 혹은 보호 대상에 초점을 맞춘 표현일 뿐, 학문적 관점에서 보면 모두 '국가가 아닌 민간(Private)이 주체가 되는 서비스 산업'이라는 공통점을 지닌다. 이 점을 다시 한 번 분명히 인식할 필요가 있다.

현재 학계에서는 민간경비·시큐리티 관련 학회와 산업보안 관련 학회가 서로 평행선을 달리는 구조가

고착화되고 있다. 이런 흐름이 계속된다면 우리나라 산업보안 교육은 한쪽으로 치우친 인력 양성과 기형적인 시스템 구축을 낳을 위험이 크다. 미국산업보안협회(ASIS, American Society for Industrial Security)의 주요 활동이나 CPP · PCI · PSP 등 국제 자격 제도를 봐도 물리보안 분야는 협회 활동의 중심축이다. 각종 세미나와 교육 프로그램에서도 물리보안의 비중이 훨씬 크다는 점을 상기할 필요가 있다. 이제는 서로 영역 간에 선을 긋는 태도를 버려야 한다. 산업보안은 물리보안과 완전히 분리된 '전혀 새로운 보안'이 아니다.

보안뉴스 2016년 12월 16일

월간 시큐리티월드, 2016년 11월호(통권 제238호): 25면

보안뉴스

시큐리티월드

치안공조와 민간경비산업 육성을 위한 경비업법 진단과 제언

2013년 「경비업법」 개정 과정에서 드러난 경찰청과 국회 상임위원회 일부 위원들의 태도는, 민간경비의 건전한 육성과 발전이라는 과제를 적극적 · 전향적으로 풀어 가려는 고민과는 거리가 멀었다. 민간경비를 곧 '용역 깡패'로만 보는 부정적 이미지를 바로잡기는커녕, 이런 편견에 사로잡힌 일부 여론만 의식한 결과, 입법 개선을 통해 민간경비 산업을 장기적으로 키워야 할 국가적 과제를 사실상 외면하는 결과를 가져왔다.

아래에서는 제정 이후 40여 년 동안 여러 차례 개정이 이루어져 왔고 앞으로도 계속 현실에 맞게 손질되어야 할 「경비업법」을 점검하고자 한다. 이를 위해 민간경비 산업의 현실과 맞지 않는 규정상의 문제점을 살펴보고, 관련 선행연구와 공개자료를 토대로 개선 방향을 제시해 보고자 한다.

경비업무 법률주의를 시행령으로 위임해야

현재 법에서 허용하는 경비업의 종류는 모두 5가지이고, 이들만을 '경비업'으로 못 박고 있어 앞으로 다양해질 경비 서비스 수요에 탄력적으로 대응하기 어렵다. 새로운 서비스가 필요해질 때마다 법률을 일일이 고쳐야 하는 구조다. 따라서 「경비업법」에서처럼 세세하게 경비업의 종류를 나열식으로 규정하기보다는, 앞으로 시장 변화에 맞춰 대통령령(시행령) 개정만으로도 유연하게 조정할 수 있는 체계를 갖출 필요가 있다. 이를 위해 본 법률에서는 경비업무의 큰 틀과 예시만 규정하고, 구체적인 세부 유형과 내용은 시행령에서 정하도록 여지를 두는 입법기술도 충분히 검토해 볼 만하다.

일반경비원의 무장 필요성도 고려해야

현행 「경비업법」은 경비원을 일반경비원과 특수경비원으로 나누고 있다. 이제는 이 기준을 '무장경비원(Armed Security Guard)'과 '비무장경비원(Unarmed Security Guard)'으로 다시 구분할 필요가 있다. 지금 법은 경비원을 나눌 때 무장 여부가 아니라, 경비 대상

시설의 특성, 특히 국가중요시설 여부 같은 보안상의 중요도에만 의존하고 있다. 그러다 보니 국가중요시설은 아니지만 시민이 많이 찾는 은행, 카지노, 귀금속상가 밀집지역(Mall) 같은 곳이나, 일정 금액 이상의 현금을 옮기는 현금호송(Cash-In-Transit) 업무에서는 점점 흉포해지는 강력범죄에 대응할 수 있는 실질적인 현장 대응력을 민간경비 단계에서 충분히 갖추기 어렵다.

이 문제를 풀기 위해, 경비원을 일반경비원(비무장)과 무장경비원으로 나누고, 국가중요시설이 아니더라도 치안 환경상 무장이 꼭 필요한 시설에 대해서는 무장경비원을 둘 수 있도록 하는 방안을 고려해야 한다. 이를 통해 보다 유연하고 현실적인 현장 대응이 가능하도록, 「경비업법」에 무장경비 배치의 근거 규정을 두는 것이 바람직하다.

경비원의 평생직장이 될 수 있어야

또한 현행 「경비업법」은 경비원을 일반경비원과 특수경비원으로만 구분하고 있을 뿐, 연차와 전문성에 따른 경비원의 등급(Level)제도가 없다 보니 신입과 10년 경력의 경비원이 같은 업무와 보수를 받게 되는 원인이 되고 있다. 이로 말미암아 상대적으로 높은 이직률과 그로 인한 구인 및 재직자 관리에 과다한 시간과 비용을 쏟아붓게 되어 인력 관리 비용이 과도하게 발생하는 악순환이 이어지고 있다.

따라서 경비원의 근속 기간과 자격 보유 현황에 따른 우대 조건을 법제화할 필요가 있다. 민간경비 기업에서도 등급별 요구 역량과 리더십 교육, 경력 로드맵을 차등 설계해 경력과 전문성이 함께 성장하도록 운영하고, 「경비업법」에서도 우수 자격·경력 보유자를 일정 비율 이상 채용·배치하도록 지원하는, 일종의 '우수 경비원 자격 보유자 배치 인센티브제'를 도입할 수 있다. 경비용역 입찰 자격 심사에서 가산점을 부여하는 방식으로 제도를 설계하면, 경비원이 평생직장으로 성장할 수 있는 토대를 만들 수 있다.

가칭 '민간보안산업관리위원회'와 공동위원장제

현재 치안공조를 위해 운영 중인 '민간경비발전협의회'는 경찰청 생활안전국장이 위원장을 맡고, 주로 참모 부서와 민간경비 단체 전문가들이 참여하는 협의체 성격을 지닌다. 이런 구조로는 경찰 지휘부의 직접적인 관심을 끌기 어렵고, 민간경비 발전을 이끄는 실질적인 컨트롤타워 역할을 기대하기에는 한계가 있다.

따라서 「경비업법」 차원에서 가칭 '민간보안산업관리위원회' 같은 상설 기구 설치 근거를 두는 방안을 검토할 필요가 있다. 이때 위원장은 경찰청 차장과 민간보안산업 대표가 공동위원장 형태로 맡도록 하면, 경찰은 사회 전반의 치안 인프라를 종합적·효율적으로 활용할 전략창구를 확보하게 되고, 민간보안산업계는 위상과 역할을 제도적으로 끌어올릴 수 있다. 여기에 실무 조직으로 '연락사무소(Meldestelle)'를 두어 범죄예방 관련 정보를 정기적으로 교환하고, 공동 캠페인이나 조사사업을 추진한다면, 협력치안·치안공조의 실질적인 출발점이 될 수 있을 것이다.

치안공조는 경찰과 민간의 공동 이익이 전제돼야

치안공조, 그리고 이를 통한 민간경비산업의 육성·지원은, 민간경비 입장에서도 "경찰과 진짜 협력하면 새로운 이익을 만들 수 있다"는 인식이 있어야 하고, 경찰 역시 같은 협력을 통해 분명한 편익을 얻는다는 공동 인식이 전제될 때 비로소 힘을 발휘한다. 또 국민의 지지를 얻기 위해서도, 경찰과 민간경비가 함께 만들어 낸 성과가 시민에게 구체적인 안전 체감으로 돌아가야 한다.

1980년대와 1990년대의 지역사회 경찰활동 철학은 범죄와의 전쟁에서 경찰만으로는 전선(戰線)을 전적으로 책임질 수 없다는 현실을 그대로 보여준다. 과거와는 달리 이제는 시민들이 경찰을 평가하는 기준, 그리고 각 경찰관의 근무 성과 평가에서도 범죄예방을 위한 지역

사회 수요 분석 능력과 다각적인 대응 전략을 설계하는 역량이 점점 더 중요해지고 있다. 이런 흐름을 고려하면, 경찰서장 등 지휘관 평가 항목에 '지역사회 치안 자원 동원 능력'을 포함해, 민간경비를 비롯한 다양한 치안 파트너와 얼마나 잘 협력하는지를 본격적으로 반영해야 할 시점이다.

한국경비신문, 2014년 3월호(통권 제42호)

한국경비신문

청원경찰과 특수경비원,
그리고 기업의 사회적 책임

얼마 전 경기도 여주시에 있는 소망교도소를 둘러볼 일이 있었다. 소망교도소는 2010년 12월 1일 문을 연 우리나라 첫 민영(民營) 교도소다. 국가의 형벌권 집행을 민간에 맡긴 첫 사례라 그동안 어떤 성과를 내고 있는지 궁금해 몇 가지를 물어보았다.

결과는 제법 흥미로웠다. "수용자 300명 안팎을 관리하는 규모는 국영 강릉교도소와 비슷하지만, 우리는 직원이 120명이고 강릉교도소는 190명입니다. 게다가 우리에게는 필요한 운영비의 90%만 국가가 지원합니다."라는 답이 돌아왔다. 비용만이 아니라 수용자들의 교정사고율과 다시 교도소로 돌아오는 재복역률에서도 의미 있는 좋은 성적을 보여 주고 있었다.

이에 비해 2012년 2월, 지식경제부가 통합방위지침(제15조 제4항 제2호) 개정을 본격 추진하면서 내놓은 일부 방안은 이런 사회적 흐름에 거꾸로 가는 측면이 있어 문제로 지적된다. 쟁점의 핵심은, 원자력발전소에 배치된 특수경비원을 없애고 전원을 청원경찰로 바꾸겠다는 내용이다.

하지만 특수경비원 제도는 2001년 인천공항 개항을 앞두고 국가 차원에서 경비업법에 근거를 마련해 도입된 뒤, 국가중요시설 경비를 큰 문제 없이 수행하면서 기존 청원경찰을 대신할 수 있는 제도로 자리 잡아 왔다. 이런 점을 감안하면, 지식경제부의 개정 방침을 '개악(改惡)'이라고 보는 시각에 충분히 공감하게 된다.

더구나 지금까지는 청원경찰과 특수경비원 모두에게 문이 열려 있던 원자력발전소 경비 업무에서, 규정을 바꿔 가며 기존 특수경비원을 굳이 배제하고 청원경찰만으로 업무를 맡기겠다는 발상 자체가 꽤 독선적으로 느껴진다. 나아가 현행 지침을 고쳐 현재는 물론 앞으로도 특수경비원 배치를 아예 원천 봉쇄하려는 움직임까지 보이고 있어, 그 속뜻이 무엇인지 의문이 들 수밖에 없다.

이처럼 제도를 크게 바꾸려면, 먼저 국가중요시설 경비 업무를 수행하는 능력 면에서 청원경찰과 특수경비원 사이에 뚜렷한 차이가 있는지부터 살펴야 한다. 특별한 차이가 없다면, 두 번째 단계로는 자본주의의 핵심 가치인 '경쟁'을 통해 '효율성을 극대화'할 수 있는 쪽이 어느 제도인지 따져 보는 것이 순서일 것이다.

한정된 자원을 효율적으로 나누어 쓰게 만들고, 기존 시스템과 구성원을 끊임없이 혁신하고 분발하게 만드는 힘은 시장에서의 가격 경쟁, 품질 경쟁, 고객 만족도 경쟁과 같은 메커니즘에서 나온다는 점을 누구도 부정하기 어렵다. 원자력발전소처럼 국가 자산을 지키고 운영하는 영역에서도 이제는 이런 원리가 그대로 적용되는 시대가 왔다는 사실을 일부러 외면해서는 안 된다.

법무부도 교도소의 합리적 운영과 효율성을 높이기 위해, 민영교도소 운영 결과를 토대로 앞으로 국영교도소의 운영 방향과 세부 지침을 짜 보려는 지혜를 모으는 중이다. 이런 상황에서 지식경제부가 이런 흐름을 외면하고, 오히려 자체 경비원인 청원경찰만으로 방호 업무를 하겠다며 2001년 이전 체제로 돌아가려는 듯한 태도를 보이는 것은 마땅히 다시 생각해 볼 일이다.

우선은 지금 지침을 그대로 두고, 청원경찰이 맡은 시설과 특수경비원이 맡은 시설 사이에서 운영 과정과 결과를 꾸준히 비교·분석하는 것이 순리일 것이다. 특수경비원이 청원경찰보다 시설 방호 면에서 약하다는 경험적 자료도 없는데, 국가중요시설 가운데서도 원자력발전소에만 유독 청원경찰을 배치하겠다는 방침은 국민이 쉽게 납득하기 어렵다.

경비 인력의 업무 능력을 뒷받침해 주는 것은 탄탄한 직무 교육과 유연한 인사 운영이다. 단지 신분만 강하게 보장해 주는 방식은 오히려 역효과를 낳을 수도 있다. 민간경비회사와의 계약을 갱신해 가며 운영하는 특수경비원의 경우, 신임 경비원 법정 교육 시간이 88시간으로 76시간인 청원경찰보다 많고, 인력 운용의 탄력성과 비용 면에서도 장점이 있다.

만약 원자력발전소 방호의 특성상 일정 부분 경찰관에 준하는 권한 행사까지 필요하다고 하더라도, 그 이유만으로 기존 특수경비원 제도를 없애고 평등권과 직업 선택의 자유 등 헌법상 권리를 침해할 소지가 있는 급격한 제도 변경을 단행하는 것은 바람직하지 않다. 청원경찰과 특수경비원을 적절히 조합해 두 제도의 장점을 함께 살리는 방안을 쉽게 포기해서는 안 된다.

원자력발전소를 운영하는 한국수력원자력은 한국전력공사가 100% 출자한 회사로, 투명한 경영으로 국민의 신뢰를 얻는 것은 물론, 민간경비회사와 같은 중소

기업과 '동반성장'을 실천해야 할 공적 책임을 지고 있다. 청원경찰처럼 회사 소속 직원으로 60세까지 정년이 보장되는 자체 경비 조직의 충성도도 분명 필요하지만, 특수경비원처럼 민간경비회사 소속 인력을 통해 계약 기간 동안 발전소가 요구하는 수준의 직무 능력을 갖춘 경비원을 꾸준히 공급받고, 적절한 계약 갱신을 통해 변화하는 방호 환경에 대응하는 운영 방식도 방호 목적상 매우 중요한 요소라는 점을 잊어서는 안 된다.

지식경제부는 「통합방위지침」을 고치기에 앞서, 어떤 방향이 진정한 공기업으로서 사회적 책임을 다하는 길인지 차분히 되짚어 볼 필요가 있다. 문득, 국가중요시설 방호의 궁극적 목적이 도대체 무엇인지 다시 묻게 된다.

교수논단
시큐리티코리아(2012년 7월호, 통권 162호)

아파트 경비원의 권한 · 자위권 보장해야

서울 강북구의 한 아파트에서 경비원으로 일하다 입주민의 폭행과 폭언을 견디지 못해 최근 극단적인 선택을 한 경비원의 사연이 알려지면서 사회적 공분이 커지고 있다. 그의 음성 유서 중 "경비가 억울한 일 안 당하도록 제발 도와달라"는 말은, 한 개인의 억울함을 풀어 달라는 요청을 넘어선다. 경비원을 향한 각종 갑질은 개인 문제가 아니라 사회적 · 제도적 폭력에 뿌리를 두고 있기 때문이다.

경비 업무는 국토교통부와 경찰청으로 관리 주체가 나뉘어 있다. 아파트 경비원에게 주로 적용되는 「공동주택관리법」에서는 경비원을 관리사무소장의 단순 보조 인력 정도로만 규정하고 있다. 방범 교육 역시 경비 책임자만 받도록 되어 있다. '매 맞는 경비원'이 사라지려면, 먼저 경비원의 권한과 정당한 자기방어권을 보장해야 한다. 「경비업법」에는 경비원이 근무 중 안전 장비를 휴대할 수 있도록 규정하고 있다. 그러나 실제 현장에서는 분실과 관리 부담 등을 이유로 호신용 분사기를 지급하지 않는 경우가 많고, 분사기는 경비업 허가를 받기 위한 '형식적인 비품'에 그치기 일쑤다. 이번 사건에서도 경비원이 제대로 된 분사기를 사용할 수 있었다면, 사건의 전개 양상은 크게 달라졌을 가능성이 있다.

경비 업무는 범죄 예방이라는 공공성이 강한 일을 민간 신분의 경비원이 맡고 있는 형태다. 범죄 예방은 국가의 중요한 책무이고, 현재는 이를 민간 부문과 함께 수행하고 있는 만큼, 경비원이 제 역할을 할 수 있는 환경을 만드는 최종 책임은 경찰청을 비롯한 정부에 있다. 경비원을 향한 갑질과 폭력은 한 사람을 향한 무례를 넘어, 그 아파트 주민 전체의 안전을 위협하는 범죄 행위다.

정부는 이번 사건을 단순한 개인 간 폭력 사건으로만 보지 말고, 경비원에 대한 갑질로 인해 아파트 입주자 전체가 제대로 된 보호를 받지 못한 사건으로 인식해야 한다. 그리고 이를 바탕으로 아파트 경비원이 안전하게 일할 수 있는 제도적 대책을 서둘러 마련해야 한다.

조선일보(2020. 5. 27.) A33면 (발언대)

朝鮮日報

새로운 경찰학: 국가를 넘어서는 소비자 중심의 공갑치안

국민: 국가를 탄생시킨 주체

장 자크 루소(Jean-Jacques Rousseau, 1712~1778)는 열 살 때 고아가 되었다. 어머니는 그가 태어난 직후 세상을 떠났고, 아버지는 루소가 열 살 무렵 집을 떠나 돌아오지 않았다. 세간에는 루소가 자신의 아이 다섯을 모두 고아원에 보냈다는 소문도 여전히 돈다. 그런 그가 보기에, 인간의 악덕과 편견, 결함은 인간 본성 자체에서 나온다기보다, 가치가 무너진 사회 속에서 '나쁜 통치'를 받는 사람들이 드러내는 모습이었다. 결국 인간이 만든 사회제도와 정치제도가 사람들의 행복과 불행, 도덕의 정화와 타락을 가르는 기준이 된다고 본 것이다.

프랑스 혁명이 일어난 해가 루소가 세상을 떠난 지 11년 뒤인 1789년이라는 점을 떠올려 보면, 로베스피에르 같은 혁명 지도자들이 그를 정신적 스승으로 떠받들었다는 사실을 따로 말하지 않더라도, 그의 이런 혁명적 통찰은 오늘날에도 여전히 유효하다고 평가할 수 있다.

경찰 재량권: 입법과 그 적용 사이의 틈 메우기

루소는 융통성 없는 법률이 구체적인 사건에 따라 탄력 있게 적용되지 못하면, 어떤 경우에는 법률이 오히려 해가 될 수 있고, 위기에 빠진 국가가 이 법률 때문에 무너질 수도 있다고 보았다(제6장 '독재에 관하여' 참조). 법률이 미처 대비하지 못하는 상황은 무수히 많이 벌어질 수 있다. 그래서 입법만으로 모든 일을 미리 예견하는 것은 불가능하다는 사실을 인정하는 지점에서, 비로소 사법과 행정의 역할이 시작된다. 그 접점에 있는 것이 바로 법 해석과 경찰 재량권이다.

특히 경찰권은 사회 공공의 질서를 지키기 위해 국민에게 강제하고 명령하는 것을 본질로 하는 권력 작용이다. 그렇기 때문에 이런 국가 통치권, 즉 경찰권의 직접적인 대상이 되는 국민 입장에서는 '실질적 법치주의'를 발판 삼아 자신의 자유와 권리를 지켜낼 필요가 있다. 경찰 권력의 행사, 곧 경찰권 발동은 반드시 법규에 근거해야 하고, 명문 규정과 합리적 해석(조리)에서 정한 한계를 넘지 않도록 통제되어야 한다. 이런 의미에서, 국민에게 의무를 부과하고 권리를 제한하는 역할로 출발한 경찰이 이제는 경찰 권력 자체를 연구·통제하는 학문적 논의와 더불어, 그 통제 시스템이 시민의 공감과 참여에 기반해 작동하도록 바뀌어야 한다는 점은 매우 중요한 핵심 가치로 받아들여야 한다.

경찰학의 새로운 가치: 경찰 윤리

경찰학(警察學, Police Science)은 경찰과 관련된 이론과 실무를 아우르는 학문 전체를 뜻한다. 우리나라에서 경찰학은 특히 이론에 기초하면서도 현장을 함께 다루는 성격이 강해, 경찰권 발동과 관련된 경찰법제, 경찰행정 관리론, 그리고 경무·정보·수사·교통·경비 등 각 분야 경찰 인력의 현장 운영론을 중심으로 발전해 왔다.

과거의 경찰학이 국가의 강제력과 국가가 독점한 경찰 권력을 중심축으로 삼았다면, 이제 새로운 경찰학은 그 무게중심을 경찰활동의 윤리적 관점으로 옮겨야 한다. 우리는 흔히 경찰을 '법 집행자'라고 부르지만, 법실증주의에 집착했던 나치 시대의 법 집행, 군사독재 시절과 유신헌법 체제 아래의 법 집행과 질서 유지가 오히려 정의를 훼손한 사례였다는 사실을 잊지 말아야 한다.

이제는 한 걸음 더 나아가 경찰 권력의 한계를 분명히 논의하고, 도덕·윤리의 영역에까지 경찰력이 과도하게 개입되는 현상이 결코 바람직하기만 한 것은 아니라는 점을 직시할 수 있는 지혜와 열린 마음이 필요하다. 특히 경찰 정책을 기획하는 단계에서부터 실행과 평가에 이르기까지 시민 참여를 폭넓게 보장함으로써, 그동안 '치안 전문가'를 자처해 온 경찰 중심의 일방향 치안 서비스 방식에서 벗어나야 한다. 주권자이자 서비스의 소비자인 시민이 가치의 중심에 서는 쌍방향 치안 서비스 체제로 나아가기 위해, 우리 사회에는 더 많은 대화와 공론장이 필요하다.

탈(脫)국가적 경찰활동: Third-party policing

Third-Party Policing(제3자 경찰활동)이란, 학부모·행정관료·사업가 등 '경찰이 아닌 제3자'에게 범죄 예방과 범죄로 인한 문제 감소에 대한 책임감을 갖도록 설득하거나, 필요한 경우 일정 부분 강제하는 경찰의 전략을 말한다. 이는 기존 방식과 다른 형태의 시민 규제로, 예를 들어 운동선수의 불법 약물 복용을 막기 위해 경찰이 직접 단속하는 대신, 축구협회 같은 민간 조직이 선수단 가운데 일부를 무작위로 뽑아 약물 검사를 실시하도록 하는 자율·자정 정책을 떠올리면 이해하기 쉽다.

이 방식은 넓은 의미에서 경찰의 직접 개입을 줄이는 대신, 다양한 사회적 통제 기능을 비경찰 기관이 맡도록 한다는 점에서 의미가 크다. 또한 사회계약설이 말하는 '국가의 최소 책무'를 지향한다는 관점에서도 주목할 만하다.

나아가 국가의 공식 사법기관인 경찰 외에도, 사회문제에 관심을 가진 여러 비정부 기구들이 범죄 통제에 중요한 역할을 할 수 있다는 점을 강조하는 개념이기도 하다. 결과적으로 이런 탈국가적 경찰활동은 기존의 형사사법 중심 접근보다 비용이 덜 들면서도 넓은 범위를 커버할 수 있는 대안으로, 적극 검토해 볼 가치가 있다. 물론 이 과정에서 정부 권한이나 경찰의 관리·감독 범위가 줄어들 수 있다는 점, 제3자의 재량이 가난한 사람이나 소수자에게 더 강하게 적용될 위험이 있다는 점에서는 비판이 제기될 수 있다.

그럼에도 범죄 예방에 드는 비용을 줄이는 제3자 경찰활동 전략이 자리를 잡는다면, 적은 예산으로 더 큰 범죄 감소 효과를 얻을 수 있다. 동시에 시민 스스로 법을 지키고 공동체 규범을 존중하는 문화를 만드는 데에도 도움이 될 수 있다.

지역사회 역시 조직화와 통합 수준이 높을수록 범죄로의 일탈이 낮다는 연구 결과를 떠올려 보면, 일정 부분 자율적인 감독과 통제가 전통적인 '법 집행 중심' 방식보다 더 효과적일 수 있다. 나아가 경찰 조직뿐 아니라 정부의 지원을 받는 다양한 민간 집단이 함께 '더 건강한 공동체'를 만들기 위해 일하고 협력하는 것이 바로 좋은 통치(Good Governance)의 모습이다. 이런 생각의 전환이 우리 사회 전체의 경찰활동에 조금씩 스며들고 있다는 점에서, 지금 우리는 새로운 시대의 문턱에 서 있다고 할 수 있다.

인간을 사랑하는 사회과학 시리즈
대전대신문 2014년 9월 4일(제417호) 6면

대전대신문

제3부

민주경찰의 새로운 지평, 자치경찰

대통령의 자치경찰제 공약 어디쯤 가고 있을까

윤석열 정부가 출범하면서 자치경찰제가 한층 속도를 낼 것이라는 일부의 기대가, 요즘 들어 서서히 실망으로 바뀌고 있다. 기대를 걸었던 쪽에서는 검경수사권 조정으로 경찰권에 힘이 과도하게 쏠린 상황에서, 그 권한을 분산해야 한다는 명분에 가장 공감할 수 있는 정부가 들어섰다고 보았기 때문이다. 반대로 그렇지 않다고 보는 쪽에서는, 중앙정부가 공권력의 상징인 경찰권을 시·도지사와 나누는 일은 정치공학적으로 도저히 받아들이기 어려운 선택이라고 주장해 왔다.

자치경찰제는 기존 경찰사무 가운데, 지역 단위 주민의 일상과 밀접하고 지방정부 책임 아래 시행하는 편이 더 효과적인 업무를 골라, 시·도지사 소속 시·도

자치경찰위원회를 중심으로 운영하는 제도다. 지금의 자치경찰제는 1991년 지방자치 부활 이후 쌓여 온 흐름의 '완결판' 성격을 지니며, 2021년부터 본격 시행되었다.

애초에는 지방정부에 경찰권을 이양하는 것을 목표로 출발했지만, 실제 자치경찰 사무를 수행하는 주체는 국가경찰공무원이라 제도·법률상 손질이 계속 필요하다는 지적이 이어지고 있다. 시민들이 체감하기 어려운 이유도, 해방 이후 70여 년 동안 중앙정부의 울타리 안에서 움직여 온 국가경찰제에 이미 깊이 익숙해져 있기 때문일 것이다.

2022년 5월 출범한 윤석열 정부는 같은 해 9월 국무총리 소속 경찰제도발전위원회를 출범시키며, 경찰의 민주적 운영과 효율적인 임무 수행을 위한 제도 개선 과제를 빠르게 정리해 나갔다. 언론도 제주·세종·강원에 이어 전북까지 이원화 자치경찰제 시범실시 지역이 확대될 것이라는 전망을 내놓으면서 기대감을 키웠다. 최소한 지난해 2월까지는 분위기가 그랬다. 그러나 그 이후로는 마치 열차가 멈춰 선 듯, 1년 가까이 진전이 없는 상태다.

2026년 이원화 자치경찰제 목표 시간 빠듯

지난해 말 들어서야 지방시대위원회가 가동되며, 자치경찰제가 다시 관심을 받기 시작했다. 대통령 직속 위원회라는 위상과, 시·군·구와 시·도를 아우르는 전국 규모 조직이라는 점을 감안하면, 이전 정부들이 만든 어느 조직보다 실질적인 성과를 낼 수 있지 않을까 하는 기대도 크다. 지방분권형 국가 운영 시스템을 구축한다는 큰 틀 아래 자치경찰제 논의를 이어가고, 지방행정 전문가들이 함께 참여해 종합적인 해법을 찾는 방식이어서, 결과물의 완성도와 실제 이행 가능성도 상당히 높을 것으로 예상된다.

문제는 속도다. 정부가 내놓은 로드맵에 따르면, 2023년까지는 시범실시 모형을 마련하고, 이를 뒷받침할 입법 정비도 끝냈어야 했다. 경찰제도발전위원회가 제주 · 세종 · 강원 · 전북 등 4개 특별자치시·도를 주체로, 각 지역의 특별법에 근거한 시범실시를 추진하자는 방향으로 의견을 모은 것은 그나마 다행이다. 계획대로 하려면 적어도 올해 하반기부터는 시범을 시작해 내년 상반기까지 여러 모형을 검증해야 한다. 그리고 내년 하반기 안에 진단 결과를 반영한 법령 · 제도 정비까지 마치려면 시간은 결코 넉넉하지 않다. 그래야 2026년에 실질적인 이원화 자치경찰제를 전면 시행하겠다는 대국민 약속을 지킬 수 있다.

자치경찰제 논의는 미군정(美軍政)기에도 있었다. 당시 미군정은 자신들이 경험한 미국식 분권형 경찰제의 장점을 알고 있었지만, 해방 직후의 혼란스러운 국내 상황에서는 도입이 지나치게 위험하다고 판단했다. 지방자치를 전제로 한 자치경찰제 역시 그렇게 미뤄졌다. 1990년대에 들어서 민주주의 발전의 성과가 지방자치와 자치경찰 논의로 이어지기 시작했고, 세계 최고 수준의 국가경찰제 'K-치안' 성과를 토대로 주민지향적 경찰제도로 한 걸음 더 나아가고 있는 셈이다.

경찰청과 시·도자치경찰위원회 사이의 애증(愛憎) 어린 관계처럼, 자치경찰이 역할과 권한을 확보해 가는 과정은 어느 한쪽의 승패로 끝나는 게임이 아니다. 지금 가장 필요한 것은, 익숙함에 안주하지 않겠다는 용기일지 모른다.

지방정부 역량 완비 기다리는 게 정답 아냐

자치경찰의 제도적 기반을 튼튼히 하려면, 지방정부가 먼저 자율성과 책임에 대한 신뢰를 보여주는 것이 이상적이다. 그렇다고 지방정부의 역량과 책임감이 완벽해질 때까지 지금과 같은 수준의 자치경찰제를 계속 유지하는 것이 답은 아니다. 새만금 잼버리 이후 중앙정부 일각에서 "지방정부를 믿을 수 있느냐"는 분위기가 감지되는 것도 사실이고, 지방정부 역량에 회의적인 시선도 만만치 않다.

그러나 지방자치 문제를 두고, 부모와 30대 자녀가 "용돈 좀 더 올려 달라" "안 된다"를 두고 밤새 실랑이하는 식으로만 바라볼 수는 없다. 지방시대를 준비하는 지금, 올 봄에는 몸을 옷에 억지로 맞추던 기성복을 벗어 던지고, 각 지역의 실정에 맞는 '맞춤 옷'을 제대로 만들어 입어야 한다. 각 지방이 저마다의 개성과 실력으로 경쟁하는 모습이 갖춰질 때, 대한민국의 봄도 한층 더 환하게 빛날 것이다.

내일신문 칼럼 「신문로」(22면, 2024.2.22.)

내일신문

경찰법과 지방자치법

2021년 7월부터 시행된 자치경찰제는 우리 경찰제도의 큰 변화 가운데 하나로, 중앙집권적인 경찰 조직을 지방자치단체가 관리하는 자치경찰로 분권화하려는 제도다. 자치경찰제 시행은 지역 주민의 요구에 맞는 맞춤형 치안을 구현하겠다는 목표에서 출발했으며, 이를 통해 주민의 안전과 복지를 더 잘 보장하고자 한다. 다만 자치경찰제의 도입은 기존 국가경찰 체제의 변화를 수반하기 때문에, 여러 시각에서 조심스럽게 바라보는 분위기도 적지 않다.

자치경찰제는 2020년 개정된 경찰법을 법적 근거로 하고 있다. 특별시·광역시·도 등 광역자치단체마다 자치경찰위원회를 두어, 생활안전 · 교통처럼 주민 생활과 밀접한 경찰사무에 대해 지방자치단체가 운영 책임을 지도록 한 것이다. 자치경찰제의 본질은 중앙정부와 경찰청과의 협력 속에서, 지방자치단체가 지역 특성에 맞는 치안을 직접 설계·운영할 수 있게 한다는 데 있다. 자치경찰은 지방자치단체의 요청에 따라 해당 지역에서 경찰 활동을 수행하고, 기존에 경찰청이 맡던 일부 업무를 분담해 지역 맞춤형 치안을 제공하게 된다. 이를 통해 국가경찰의 중앙집권 구조를 분산하고, 주민 요구에 맞는 정책을 세워 실천하는 방향으로 나아가게 하는 것이 핵심이다.

문제는 이런 변화에도 불구하고, 경찰법 개정 외에 더 근본적인 틀이라 할 수 있는 지방자치법 개정은 여전히 손대지 못하고 있다는 점이다. 그동안 경찰 업무는 전적으로 경찰청이 맡아 왔지만, 자치경찰제 도입으로 지역별 치안 업무를 자치단체가 직접 관리하게 되었음에도, 지방자치법에는 여전히 경찰 업무에 대한 명시가 없다. 지방자치단체가 수행할 수 있는 사무 목록 안에 '경찰서비스'가 포함되어 있지 않은 것이다.

국가와 국가경찰의 권한을 지방정부와 자치경찰에 분산하기 위해서는, 지방정부의 권한 목록에 경찰서비스가 포함되는 것이 당연하다. 자치경찰 사무를 자치경찰이 아니라 국가경찰공무원이 대신 수행하는 지금의 구조는, 누구 눈으로 보아도 어정쩡하다. 자치경찰이 지방정부의 자치행정 차원에서 본격적으로 운영될 경우, 특정 정치적 입장이 경찰활동에 영향을 미칠 수 있다는 우려도 존재한다. 그러나 이 문제는 1차적으로 시·도자치경찰위원회가 얼마나 독립적이고 전문적으로 역할을 수행하느냐에 달려 있고, 궁극적으로는 지방의회와 성숙한 민주시민의 감시와 참여에 의해 균형을 찾아갈 문제라고 볼 수 있다. 이것 역시 민주주의가 성장하는 하나의 과정이며, 시행착오와 흔들림은 있더라도 결국에는 제자리를 찾아갈 것이다. 지난 30여 년 동안 지방자치의 이름으로 민주주의를 키워 온 우리 시민들의 자존심을 떠올려 보면, 이런 믿음이 결코 과장은 아닐 것이다.

경찰 사무와 권한을 어떻게 나눌 것인지, 지방공무원 신분으로 자치경찰 사무를 수행하는 인력의 신분과 역할을 어떻게 재설계할 것인지 등 해결해야 할 과제가 많은 것도 사실이다. 그렇다고 국가경찰과 자치경찰이 각자의 장점을 살리면서, 국가와 중앙기관에 과도하게 집중된 권한을 적절히 나누는 작업을 언제까지나 미룰 수는 없다. 자치경찰 역시 지역 특성에 맞는 치안 정책을 세우고 실행하는 것은 물론, 범죄 수사와 같은 중대한 사건도 처리할 역량을 충분히 갖고 있다. 지금도 시·도경찰청 소속 경찰관들이 그 일을 하고 있지 않은가. 무엇이 두려운가. 이제는 우리 민주주의의 역량을 믿어야 한다.

대전일보 칼럼 「법률칼럼」(18면, 2024.11.28.)

대전일보

자치경찰제, 시작이 중요

지난 4일 자치경찰법안이 새로 발의되면서 치열한 논의가 이어지고 있다. 이번 발의안은 국가경찰과 자치경찰의 조직과 사무를 분리했던 이전 법안과 달리, 국가경찰 조직이 국가경찰사무와 자치경찰사무를 함께 수행하도록 하는 내용을 담고 있다. 그 근거로 제시된 것은 '고비용 구조라서 분리가 어렵다'는 논리다. 그러나 이는 자치경찰을 현재 국가경찰에서 일정 부분 떼어내면, 그에 맞춰 국가경찰의 관리 인력과 사무 공간도 줄어드는 것이 당연함에도, 국가경찰 조직은 그대로 둔 채 새로 생기는 자치경찰 관리 조직만 더해 전체 경찰력이 불필요하게 커지는 것처럼 본 착시(錯視)에서 비롯된 주장이라고 볼 수 있다.

이러한 시각은 자치경찰제를 통해 분권을 실현하고 국민주권을 강화할 수 있는 효과를 제대로 계산에 넣지 못한 결과이기도 하다. 자치경찰제가 본격 시행되면, 지역 치안에 책임을 지게 될 지방정부는 물론, 최전선에서 일하는 현장 경찰관들 사이에서도 여러 반론과 우려가 제기될 수밖에 없다. 어느 정도 예상했던 반응이다.

그럼에도 분명한 것은, 우리가 찾고자 하는 것은 우리 현실에 맞는 '더 나은 제도'이지, 한 번 정하면 영원불변인 절대 진리가 아니라는 점이다. 자치경찰제 전면 도입 문제는 단순히 치안 제도를 어떻게 바꿀 것인가에 그치지 않고, 자치와 분권, 국토 균형발전이라는 더 큰 그림 속에서 바라봐야 한다. 자치경찰제 논의는 검경수사권 조정의 부산물 정도가 아니다. 제왕적 대통령제의 부작용을 줄이고, 소멸 위기에 놓인 지방을 살리며, K-방역으로 입증된 주민들의 성숙한 민주 역량에 걸맞은 '국민주권형 치안 시스템'을 만들자는 시대적 요구로 이해해야 한다.

지난 30년간의 지방자치 역사에 공(功)과 과(過)가 없을 리 없다. 그럼에도 정책 개발과 행정 집행의 중심에 항상 지역 주민을 두고, 민심을 세심하게 살피려 노력해 온 점만큼은 우리 지방자치가 이룬 가장 큰 성과라고 할 수 있다. 오늘날 세계적인 치안 강국으로 평가받는 국가경찰 시스템을, 굳이 국가경찰과 자치경찰이 협업하는 체제로 바꾸려는 가장 큰 이유도 여기에 있다. 경찰이 권력의 눈치를 보기보다는, 경찰력 운용의 초점을 치안 수요자인 시민의 눈높이에 더 정확히 맞추자는 것, 그리고 한 개의 경찰청 중심 승진·보직 체계를 17개 시·도경찰청 중심 체계로 옮겨, 더 많은 기회가 고르게 돌아가도록 하자는 것이 핵심이다.

입법은 '결과'가 아니라 '과정'이다. 법안 발의는 세상을 향한 하나의 발제(發題)로서 의미가 크다. 서로 다른 생각이 부딪쳐야 새로운 생각이 태어난다. 그렇게 함께 만들어 낸 생각 위에서, 모두가 진심과 헌신을 다하는 대한민국이 출발한다. 국민의 소통과 공감을 전제로 하는 '민주적 효율성(Democratic Efficiency)'이야말로, 글로벌 리더로 떠오르는 우리나라가 가장 주목해야 할 가치다. 21대 국회는 오로지 국민만 바라보며, 대한민국 헌법 제8장에 명시된 지방자치의 시대를 제대로 여는 데 앞장서야 한다.

새로운 자치경찰제 논의에서 국가경찰의 미래를 빼놓아서는 안 된다. 경비·정보·보안·외사·교육·예산·정책 개발 등 분야에서 국가경찰이 더 전문화될 수 있도록 지원해야 한다. 국가 차원의 치안 전문가를 키우기 위해, 인사 트랙(경과제)을 체계적으로 설계하는 작업도 필요하다. 자치경찰은 생활안전, 여성·청소년, 교통, 지역경비 등 주민 삶의 결을 지키는 업무를 중심으로, 정치적 중립 보장과 근무 여건 개선이 함께 이루어져야 한다.

중앙과 지방 사이에 차별이 없는 경찰제도, 그동안 소외감을 느껴 온 지방 경찰관들의 마음을 달래고, 지역 주민의 관심과 참여 속에서 민생 중심 경찰정책이 만들어지고 평가·환류되는 자치경찰제, 이제는 시작해야 한다. 한 걸음이라도 앞으로 나아가는 것이, 같은 자리를 맴도는 것보다 낫다.

강원일보(19면, 2020.08.27.)

江原日報

새 자치경찰법안, 디테일 잘 살려야

우리나라에서 권력형 부패와 인권 침해의 상당 부분은 과도하게 중앙에 집중된 권력에서 비롯된다. 이를 제도적으로 풀어 보자는 것이 바로 분권(Power Sharing)과 지방자치다. 문재인 정부가 촛불정신을 통해 국민주권 이념을 다시 강조하고, 제2국무회의 설치 등으로 중앙정부와 지방정부의 협치를 내세워 온 만큼, 자치와 분권의 정신에 맞는 경찰제도 개혁에 대한 기대도 컸다. 그러나 지난 4일 의원 발의로 제출된 자치경찰법안(정부안)은 진정한 자치경찰제와는 거리가 있어 보인다. 자치의 핵심이라 할 수 있는 자치경찰 조직의 분리나 독자적인 인력 구성이 빠져 있고, 시·도지사가 지역 특색에 맞는 치안 정책을 펼칠 수 있는 여지도 매우 좁기 때문이다.

정부안은 기존 안과 비교할 때, 국가사무와 자치사무를 기능 단위로 나누어 현장에서 업무 혼선을 줄이려 한 점, 그리고 경찰관의 신분을 국가공무원으로 유지해 지역 간 처우 격차를 완화하려 한 점은 나름의 성과로 볼 수 있다. 이 방식은 우수 경찰 인력이 특정 지역에만 몰려 치안 격차가 심해지는 것을 막는 장점도 있다. 소방공무원과 교육공무원에서 이미 비슷한 구조를 경험해 본 만큼, 조직 안정에도 어느 정도 도움이 될 것으로 예상된다.

그럼에도 정부안은 '경찰관이 수행하는 자치경찰사무'만 있을 뿐, 정작 '자치경찰공무원'은 존재하지 않도록 설계돼 있다. 기존 경찰사무(호박)에 선만 그어 놓고, 이름만 자치사무(수박)로 바꾼 것에 그쳤다는 비판을 피하기 어렵다. 새로운 제도가 제대로 뿌리내리려면 이를 끌고 갈 주체가 분명해야 하는데, 비용 문제를 이유로 이 핵심을 피해 간 셈이다. 자치사무를 수행하는 경찰관에 대한 지휘·감독권을 시·도자치경찰위원회와 시·도경찰청장, 경찰서장에게 준다 하더라도, 승진과 보직 등 인사권은 원칙적으로 시·도지사가 행사할 수 있도록 바꾸는 논의가 필요하다. 자치경찰제가 시행되면, 주민들은 지방정부의 치안 문제에 대해 정치적 책임을 시·도지사에게 묻게 될 것이므로, 이에 상응하는 권한을 시·도지사에게 인정하는 것이 '권한에는 책임이 따른다'는 기본 원칙에 맞기 때문이다. 특히 시·도경찰청 소속 자치경찰본부장(경무관)을 개방형 지방공무원으로 두고, 그 임면권을 시·도자치경찰위원회 추천을 전제로 시·도지사가 행사하도록 하는 방안은 반드시 반영되어야 한다.

앞으로 대통령령 제정 과정에서 다뤄질 시·도경찰청 직제에서도, 112종합상황실만큼은 국가사무 조직으로 남겨 두기보다 자치사무에 포함시키는 편이 효과적이다. 112를 이용하는 대상의 대부분이 시·도 단위 주민들이고, 이 부서가 민생 치안 업무와 바로 연결되는 핵심 기능을 맡고 있기 때문이다. 국가 차원에서 필요한 상황실 기능은 현재 경찰청 치안상황관리관실을 활용하고, 필요하다면 자치사무와 연계된 보완적 위기관리 업무를 맡기면 충분하다. 경찰서 직제도, 경찰서장이 직접 생활안전과장 등 자치사무 담당 경찰을 지휘 · 감독하기보다는, 시·도경찰청 자치경찰본부장처럼 경찰서장 소속 개방형 지방공무원을 자치경찰 책임자로 두는 편이 현실에 더 맞는다. 그래야 실제 치안서비스가 생산되는 경찰서 단위에서 자치경찰사무가 제 역할을 찾을 수 있다.

결국 자치경찰제는 단순히 경찰 조직 하나를 손보는 차원을 넘어, 권력을 나누는 방식 자체를 바꾸는 '권력공유(Power Sharing)의 가치혁명'이다.

세계일보(A25면, 2020.08.06.)

세계일보

자치경찰제, 이대로라면 경찰권 비대화도 못 막아

시도자치경찰위원회는 민주적 통제와 주민 친화적 정책을 지향하는 자치경찰제의 핵심 기구다. 시·도지사 소속으로 전국 18곳에서 운영 중인 이 위원회는 자치경찰 사무에 관해 시·도경찰청장을 지휘 · 감독하는 막중한 역할을 맡고 있다. 그러나 위원 인선 방식과 실제 운영을 보면 여러 한계를 드러내고 있다. 특히 3곳 위원회에서는 7명 위원 중 4명이 경찰 출신으로 구성돼, '주민 주도형 민주적 경찰 통제'라는 제도 취지와 거리가 있다는 지적을 받는다.

애초 이들은 그동안 쌓아 온 경험과 전문성을 지역 치안 정책에 적극 반영해 줄 것이라는 기대를 모았다. 그러나 제2기 위원회 임기의 절반이 지난 지금, 주민 참여와 민주적 통제, 주민 대표성 측면에서 문제 제기가 이어지고 있다. 전국 18개 위원회 중 위원장과 사무국장, 두 상임위원 모두가 경찰 출신인 곳이 8곳(44%)에 이른다. 이처럼 경찰 경력자가 과도하게 집중된 인사 구조는 자치경찰제의 내실화를 위해 바람직한 방향이라고 보기 어렵다.

게다가 위원회가 상임위원과 비상임위원으로 나뉘어 운영되는 구조상, 나머지 5명의 비상임위원에게 제공되는 정보는 제한적이라, 통상 월 1회 정도 열리는 정기회의마저 충분히 기능하지 못한다는 비판이 이어진다. 더 나아가 경찰 출신 위원장과 사무국장은 과거 경찰 조직에서 형성된 상·하급자 관계를 완전히 끊어내기 어렵기 때문에, 위원회 논의나 사무국 운영에 있어서도 보이지 않는 제약으로 작용한다는 우려가 나온다.

'주민 주도형 민주적 경찰 통제'와 거리 멀어

최근 학계와 시민사회에서는 자치경찰위원회 인사 편향을 바로잡고, 법적 근거를 더 엄격하게 정비해 참여 주민의 다양성을 보장해야 한다는 목소리가 커지고 있다. 영국과 일본 등 해외 사례에서도 자치경찰위원회 구성 시 공직 경력 제한과 시민 대표성·다양성 확보를 제도 설계의 핵심 원칙으로 삼는다. 현행 법령에는 위원 구성 사안을 사전에 협의하는 '시·도자치경찰위원회 위원구성협의체' 설치 근거가 있으나, 실제로는 거의 작동하지 못하고 있다.

자치경찰위원회 구성의 핵심은 주민의 다양성과 대표성을 충분히 담보하는 데 있다. 이를 위해 경찰 근무 경력이 있는 위원은 2명을 넘지 않도록 상한선을 두는 방안이 필요하다. 또 두 명의 상임위원 가운데 한 명이 경찰 출신이라면, 다른 한 명은 반드시 비(非)경찰 출신으로 제한하는 식의 장치도 검토할 만하다. 법률상 위원장을 임명하는 시·도지사가 경찰 출신 인사를 위원장으로 내정해 온 관행은, 주민 중심 치안보다는 '전직 경찰' 네트워크에 의존해 문제를 풀려는 안이한 태도에서 비롯된 것으로 보인다. 그 근본에는, 현행 법체계에서 경찰 사무가 아직 지방정부의 고유 사무로 인정받지 못하고 있다는 구조적 한계가 놓여 있다.

자치경찰제의 주민 친화성을 높인다는 것은, 치안정책 의사결정 권한을 주민이 실질적으로 함께 나누는 조직 구조로 나아간다는 뜻이다. 그런데 현재 '기획 · 인사 · 감찰' 중심으로 운영되는 사무국 체계는, 국가경찰 운영 방식과 크게 다르지 않아 경찰관 중심 조직 문화를 오히려 강화하는 경향이 있다. 이로 인해 주민 · 지역공동체와의 심리적 거리감이 커질 수밖에 없다. 예를 들어 사무국 내에 '시민소통팀'을 법으로 의무화하고, 주민참여예산제와 연계하는 등 보다 주민 친화적인 조직 설계가 요구된다.

자치경찰 조직 구성과 운영 방식 또한 기존 경찰 조직 틀을 넘어서는 새로운 발상 전환이 필요하다. 제도 도입 초기에는 경찰 경험과 역량이 절대적으로 필요했던 것이 사실이다. 그러나 2기 체제로 넘어온 지금, 전체 126명의 위원 가운데 47명(약 40%)이 경찰 출신인 현재의 비중은 과도한 수준이다. 자치경찰의 역사와 경륜이 쌓일수록, 초기 단계에 불가피했던 파견 경찰관 의존도는 자연스럽게 줄어드는 것이 정상이다. 그만큼 지방정부 역시 자체적인 노력으로 치안 업무 역량을 키워 나가야 한다.

비대한 경찰권 분할 구조 완결해야

현재 국회와 지방시대위원회가 추진하는 분권형 개헌, 대통령 권한 축소, 이른바 '5극 3특' 국가전략은 결국 지방정부의 실질적 권한 확대와 맞물려 있다. 이런 흐름 속에서 자치경찰제를 튼튼히 다져, 지방정부가 경찰 사무를 책임지는 구조를 만드는 것은 피할 수 없는 미래 과제가 되어야 한다. 핵심은 대통령이 쥐고 있는 경찰권을 어떻게 나눌 것인가의 문제다. 지방정부가 행정·교육·치안을 두루 담당하는 '종합 행정의 주체'로 자리 잡도록 하는 일은, 국가경찰권을 가진 대통령의 결단만 있다면 충분히 가능하다. 자치경찰제 전면 시행을 통해, 문재인 정부에서 시작된 비대한 경찰권 분할 구조를 이재명 정부에서 마침내 완성해 주길 기대한다.

내일신문 칼럼 「신문로」(22면, 2025.10.29.)

내일신문

수사권 없는 자치경찰을 경계한다

현재 시행되고 있는 자치경찰제는 해방 이후 처음으로 중앙집권적 국가경찰제에 근본적인 변화를 가져왔다는 점에서 의미가 크다. 불과 2년 전만 해도 경찰 같은 공공서비스는 중앙정부만이 운영할 수 있는 영역이라고 여기는 시각이 지배적이었다. 지방정부가 중심이 되어 지역 주민이 자신의 안전과 행복을 위해 공동체의 문제를 살피고, 그 해법으로 '자기 경찰정책'을 만들고 시행하는 일이 과연 가능하겠느냐는 의구심도 컸다.

그러나 전국적 자치경찰제 시행 2년째를 맞은 지금, 17개 시·도 자치경찰위원회에는 120여 명의 위원들이 각자의 전문성과 열정을 쏟고 있다. 사무국에서도 400여 명의 공무원이, 생소했던 경찰 사무에 점차 전문성을 더해 가고 있다. 지방자치단체장들도 온전한 지방자치와 책임 있는 지방행정을 위해, 보다 실질적인 경찰권 보장을 적극적으로 요구하는 상황이다.

국무총리 소속 경찰제도발전위원회 역시 2026년부터 시·도지사에게 경찰권을 명실상부하게 이양하는 '실질적 이원화 자치경찰제'를 골자로, 9개월에 걸쳐 심도 있는 제도 설계를 진행해 왔다. 이를 위해 2024년 시범실시 지역으로 논의되는 제주 · 세종 · 강원 · 전라북도 등 특별자치시·도를 중심으로, 구체적인 실행 모델을 만드는 작업도 이어지고 있다.

작년 가을 이태원 참사를 겪으면서 우리는, 하나의 중앙 국가기관보다 주민과 더 가까운 단위의 지방행정 조직이 공동체 구성원의 안전 문제를 책임지는 분권형 정부 구조에 주목하게 되었다. 특히 책임에 걸맞은 권한 분배가 얼마나 중요한지, 그리고 그 필요성에 대해 상당 부분 사회적 공감대가 형성되었다.

자치경찰제가 제대로 작동하려면, 이번 시범실시의 내용과 성과가 분명해야 한다. 시범지역이 아닌 나머지 13개 시·도가 '강 건너 불구경'하듯 지켜보고만 있어서는 안 되는 이유다. 따라서 그동안 자치경찰제 운영 과정에서 드러난 문제점을 면밀히 분석하고, 개선책을 시범실시에 적극 반영할 필요가 있다.

특히 지구대 · 파출소와 112 치안종합상황실처럼 주민과 가장 가까운 경찰 조직과 인력을, '자치경찰'이라는 이름의 지방공무원 조직으로 이관 · 운영하는 것은 자치경찰을 실질적으로 거듭나게 하는 필수 요소라는 주장에 귀를 기울여야 한다.

문제는 자치경찰 조직으로 자치경찰본부와 자치경찰대를 새로 만드는 부분이다. 현재 경찰공무원 조직과 정원이 크게 늘어나거나 서비스 수준이 획기적으로 달라지는 것도 아닌데, 새 조직에 고위 경찰을 포함한 관리자 정원을 다수 신설해 고비용 구조를 만드는 것 아니냐는 국민의 우려에 답해야 한다.

또 한 가지 의문은, 살인 · 강도 · 절도 등 일반 형사사건에 대응하는 수사 조직을 꼭 국가경찰 조직에만 두어야 하느냐는 점이다. 2020년 경찰법 개정 당시, 수사사무의 정치적 중립성과 법 집행의 공정성을 해치지 않도록 경찰청장 등의 외압을 견제하는 장치로 '국가수사본부장제'를 이미 도입했다. 현행 경찰법은 국가수사본부장이 경찰 수사에 관해 각 시·도경찰청장과 경찰서장, 수사부서 소속 공무원을 지휘 · 감독하도록 규정하고 있다. 이런 구조를 고려하면, 지방정부 소속 일선 수사 조직과 지방공무원에게 수사권을 이관하더라도, 지금 수준의 수사 전문성과 공정성을 담보할 제도적 장치는 충분하다고 볼 수 있다.

현재처럼 자치경찰의 수사권을 극도로 제한하는 방식은, '우리 동네 경찰관'이라는 자치경찰제의 본래 취지와도 어긋난다. '도둑도 못 잡는 경찰'이라는 인식은, 국가경찰 신분의 경찰관이 자치경찰로 전환하는데 장애물이 될 수 있다. 지금까지도 지역에서 발생하는 살인, 강·절도 사건 등은 지방 수사체계 안에서 충분히 처리해 왔다는 점을 생각하면, 수사권을 국가사무와 자치사무로 지나치게 나누려는 시도에는 의문이 남는다.

무엇보다 자치경찰 논의가 확대될수록 국가경찰이 손해 본다는 식의 접근은 경계해야 한다. 국제범죄, 광역범죄, 사이버범죄, 과학치안 R&D 등 국가적 차원의 경찰 사무는 명백히 국가경찰사무이며, 여기에 대해서는 국가 차원의 종합 계획과 아낌없는 인력·예산 투자가 뒤따라야 한다. 동시에 실질적인 자치경찰 논의의 장에 국가경찰도 적극적으로 참여해, 중앙과 지방이 함께 전체 치안 시스템을 재설계할 수 있는 환경을 만드는 것 역시 중요하다.

중도일보 칼럼 「프리즘」 (19면, 2023.5.24.)

시민 목소리 빠진 자치경찰제 논의

지난해 10월 김영우 전 의원이 전국 현직 경찰관 8,625명을 대상으로 설문조사를 한 결과, 자치경찰 도입에 '반대한다'는 응답이 86.8%(7,488명)에 이르렀다. 2006년부터 자치경찰제를 시행해 온 제주 지역 경찰관들조차 77.8%가 반대 의견을 냈다. 올해 주요 대학 박사학위 논문에 나타난 시민 인식조사에서도 자치경찰 전국 확대에 대해 부정적이거나 무관심한 태도가 뚜렷했다. 당시 홍익표 의원이 대표 발의한 문재인 정부안대로라면 현재의 치안 수준을 유지하기 어렵다고 본 것이다. 치안 현장은 국가경찰과 자치경찰이 이원적으로 출동하면서 비효율과 혼선이 생길 수 있고, 자치경찰에 대한 국가경찰의 지휘·감독권도 여전히 과도해 진정한 자치경찰이라고 보기 어렵다는 판단이 깔려 있었을 것이다.

이런 이유로 문재인 정부안이 20대 국회 회기 종료와 함께 자동 폐기된 것을 두고, 한편에서는 다행이라는 평가도 나온다. 21대 국회에서도 기존 정부안에서 한 발짝도 나아가지 못하고 있는 이유를 따져보자면, 자치경찰제 추진 업무에 국가경찰 조직인 경찰청이 깊게 관여하고 있다는 점을 지적하지 않을 수 없다. 지금까지 국가경찰이 주도해 온 자치경찰 추진 전략과 정책이 과연 국민 전체의 이익에 부합한 것인지, 아니면 국가경찰 조직의 이해관계와 이기주의가 반영된 것인지 냉정하게 점검할 필요가 있다.

주인-대리인 이론(Principal-Agent Theory)에 따르면, 국민과 공무원은 헌법과 법률을 통해 '주인(위임자)'과 '대리인(수임자)'의 관계를 맺는다. 이 관점에서 몇 가지 문제를 짚어볼 수 있다. 첫째, 자치경찰 논의를 주도하는 국가경찰은 전문지식과 정보를 쥐고 있기 때문에, 주인인 국민보다 자신들에게 유리한 정보만 선택·제시할 가능성이 크다(정보 비대칭). 둘째, 정책 목표가 국민의 기대와 다를 경우, 자치경찰제를 국민이 원하는 방향이 아닌 다른 방향으로 끌고 갈 위험이 있다(목표의 충돌). 이런 상황에서 국민은 과연 자치경찰 추진의 중심 역할을 국가경찰에게 계속 맡겨 두는 것이 맞는지 의문을 품게 된다(역선택). 만약 국가경찰이 조직 이익을 앞세운 의사결정을 하게 된다면, 주인인 시민 입장에서는 결코 바람직하지 않은 방향으로 의무를 형식적으로 이행하거나 아예 이행하지 않는 사태도 벌어질 수 있다(도덕적 불이행). 결국 자치경찰제 시행 이후 예상치 못한 부작용이 생긴다면, 그 비용은 고스란히 국민이 '대리인 비용'이라는 이름으로 떠안게 될 가능성이 있다.

자치경찰 논의가 바른 방향을 찾으려면, 우선 경찰 개혁의 주체를 다시 설정하고, 논의의 출발점을 '분권'에 두어야 한다는 점을 분명히 해야 한다. 그동안 자치경찰 시행의 최대 이해당사자인 '시민'이 논의의 중심에서 빠져 있었다는 사실은 제도 개혁의 큰 맹점이다. 현장 경찰관의 사기만 떨어뜨리고, 국민 불안만 키우는 국가경찰-자치경찰 간 상하 구조와 모호한 사무 분장은 지양해야 한다. 경찰 사무를 기계적으로 나누는 것이 과연 가능한지, 전문가다운 눈으로 되물어 보아야 한다. 두 체계를 '위계 관계'가 아니라 '기능적 협력 관계'로 재설계하는 쪽이 바람직하다.

전국 자치경찰본부장들이 경쟁적으로 다양한 치안 서비스를 선보일 수 있으려면, 시·도 단위의 실질적인 자치경찰제 틀 안에서 이 논의를 다시 시작해야 한다.

진정한 '시민의 경찰'을 만들고, 현장 경찰관들이 자부심을 가지고 시민에게 인정받기 위해 무엇이 필요한지 근본적으로 고민해야 한다. 앞으로의 논의는 국가경찰과 자치경찰의 '대등한 조직 구조'를 전제로 한 분권 논의가 되어야 한다. 그리고 그 중심에는 언제나 시민의 편익 증진과, 지금보다 한 단계 높은 치안 수준을 제공하겠다는 가치가 놓여야 한다.

매일경제(A34면, 2020.07.20.)

매일경제

자치경찰제, 국가경찰 관성에서 벗어나야 한다

지난해 12월 9일, 여야는 자치경찰제 도입을 위해 '경찰법' 개정안에 합의해 통과시켰고, 올해 1월 1일부터 시행하기로 했다. 다만 본격 시행은 6개월간의 시범 운영을 거친 뒤로 미뤄두었다. 그사이 드러난 몇 가지 문제점은 서둘러 바로잡아, 제도 변화 때문에 국민이 불편을 겪거나 손해를 보지 않도록 해야 한다.

우선 주민 참여 확대를 제도적으로 보장해야 한다. 이것이 자치경찰제 도입의 가장 큰 이유이기도 하다. 국가경찰제에서는 치안 공공재를 경찰청이 독점적으로 생산·공급해 왔다. 반면 자치경찰제에서는 주민이 치안 공공재를 소비하면서 동시에 생산에도 관여하는 '프로슈머(Prosumer)'가 된다. 그렇다고 새 제도 시행을 명분으로 또 다른 치안협력기구를 하나 더 만들 필요는 없다. 지방자치 30년 역사 속에서 이미 마을마다 자리 잡은 주민자치기구에, 공동체 치안 사무를 하나 더 얹어 맡기면 된다.

기초자치단체인 시·군·자치구 단위 자치경찰 기능도 강화해야 한다. 이번 자치경찰제는 광역시·도 단위 모델이지만, 주민과 가장 가까운 곳에 있는 경찰서와 지구대 · 파출소에 중심을 두고, 시·군·자치구 등 기초자치단체와 긴밀히 연계되는 서비스를 제공해야 한다. 제주 자치경찰이 운영하는 '치안행정 · 지방행정복합센터(행복센터)'의 원스톱 행정 서비스가 좋은 참고 사례가 될 수 있다.

치안행정과 지방행정이 맞닿는 '연계 사무'를 특화하는 것도 중요한 과제다. 주민 입장에서는, 현장에 출동한 경찰관이 수행하는 일이 국가경찰 사무인지 자치경찰 사무인지가 그리 중요하지 않다. 현재 각 시·도 위원회가 경쟁적으로 발굴하고 있는 '1호 사업'의 주요 내용이 이런 연계 사무라는 점은 눈여겨볼 만하다. 자치경찰제가 도입된 결과, 실제 생활 속 문제 해결에 도움이 된다고 주민이 체감한다면, 그것이 곧 성공적인 출발이다.

경찰청은 자치경찰제가 안착하도록 보다 적극적이고 실질적인 지원에 나서야 한다. 자치경찰이 '청출어람(青出於藍)'에 이르는 일은, 결국 75년 대한민국 경찰이 쌓아 온 역량과 우수성을 증명하는 과정이기도 하다. 자칫 경찰청이 방어적으로 법을 해석 · 운용해 국가경찰 쪽으로만 기울게 한다는 인식이 생기지 않도록 각별히 유의해야 한다. 특히 위원회의 경감 이하 경찰관 승진 인사권을, 경찰서 보통승진심사위원회 위원 추천권 수준으로 사실상 축소해 버리는 식의 운용은, 자치경찰제를 통해 분권을 실현하고자 했던 입법 취지와 충돌할 수 있다.

시·도경찰청장 임기의 안정적 운영 또한 중요하다. 이제 시·도경찰청장은 경찰청장 · 국가수사본부장 · 시·도자치경찰위원회로부터 각각 국가경찰사무 · 수사사무 · 자치경찰사무에 관한 3중 지휘를 받게 된다. 현재 시·도경찰청장 임기는 1년 남짓에 불과하지만, 위원회 활동 기간이 3년 단위라는 점을 고려하면, 실질적인 역할을 다할 수 있도록 임기를 2년 정도로 늘릴 필요가 있다. 여기에 더해, 경찰청장 임명 자격 요건을 '치안정감'에서 '치안감 이상'으로 넓혀 시·도경찰청장도 후보군에 포함되게 한다면, 각 시·도 자치경찰에도 새로운 활력을 불어넣을 수 있을 것이다.

자치경찰제가 제대로 뿌리내리려면, 주민과 경찰관 모두 오랜 국가경찰 역사 속에서 굳어진 '경찰 역할'에 대한 고정관념과 관성에서 벗어날 필요가 있다. 앞으로 자치경찰제 후속 논의를 이어갈 때에도, 언제나 주민 편익, 자치경찰제 도입 취지, 그리고 자치경찰의 관점에서 생각을 새롭게 다듬어야 한다.

헤럴드경제 칼럼 「헤럴드광장」(27면, 2021.6.28)

헤럴드경제

자치경찰제와 소비자주권 회복

인류가 도시를 만들고 모여 살기 시작했을 때, 우리는 모두 시민이자 동시에 경찰이었다. 렘브란트가 1642년에 그린 작품 '야경(夜警, De Nachtwacht)'에 등장하는 민병대처럼, 평범한 시민 신분의 야경꾼들이 도시를 범죄와 화재로부터 지키는 것에서 경찰 업무는 출발했다. 그래서 경찰의 기원을 야경꾼(Night Watchman)에서 찾는 것이다. 공동체 구성원들이 군대의 불침번처럼 돌아가며 경계를 서며 서로의 울타리가 되어 주었고, 이후 분업과 전문화 과정을 거치면서 점차 유급 종사자로 역할이 고정되며 '경찰'이라는 직업이 탄생했다.

오늘부터 자치경찰제가 광역시·도 단위에서 본격적으로 시행된다. 지금은 출발선에서 비슷해 보이지만,

앞으로는 하루가 다르게 각 지역의 모습이 달라질 것이고, 시·도는 서로를 벤치마킹하며 경찰 서비스 경쟁을 벌이게 될 것이다.

문제는 경찰이 혼자서 할 수 있는 일이 생각보다 그리 많지 않다는 데 있다. 특히 자치경찰 사무의 상당 부분이 범죄 예방, 교통, 지역 경비 등에 집중되어 있어, 지방자치단체 · 교육청 · 시민단체와의 긴밀한 협업이 필수적이다. 그동안 경찰은 112 종합상황실로 접수되는 사건 · 사고에 대한 지령을 받고 현장에 출동해 '상황 종료'에 집중해 왔다. 그러나 실제로는 소음 민원처럼 시·군·자치구 소관 업무라는 이유로 이관해야 하는 일이 훨씬 많았다. 가정폭력 · 아동학대나 응급입원이 필요한 정신질환자 사안에서도, 경찰은 강제력을 동원해 우선적으로 '분리'하는 역할까지만 맡고, 그 이후 근본적인 해결을 위한 후속 조치에는 손을 뻗기 어려웠다. 후속 조치에는 전문가의 판단과 자치단체 보건 · 복지 행정이 필요한데, 심야 시간에는 이런 시스템이 제대로 작동하지 않았기 때문이다.

또 다른 문제는 자치경찰위원회가 자치경찰 사무를 담당하는 일부 경찰공무원에 대해 법이 부여한 전보권 · 징계권 등 인사 관련 권한을, 사무국 인력 부족이나 인사자료 열람 제한 같은 현실적인 이유를 들어 다시 시·도경찰청장에게 재위임하는 사례가 나타나고 있다는 점이다.

제도 시행 초기, 일반 시민이 다수 포함된 자치경찰위원회가 경찰 사무에 대해 전문성과 자신감이 부족한 것은 어찌 보면 자연스러운 일이다. 하지만 "경찰이 지금까지 잘해 왔으니, 권한을 다시 돌려줘도 문제없다"는 식의 접근은 안일하다. 애초에 국가경찰제에 근본적인 결함이 있어서 자치경찰제를 도입한 것은 아니었다. 경찰 서비스의 생산·유통·소비 과정을 중앙에서만 통제하지 않고, 그 선택권을 주민에게 돌려줘 치안 공공재에 대한 '소비자 주권'을 분명히 하려 했던 것이다. 주민의 요구를 우선 반영하는 경찰 정책을 만들고 집행하며, 그 결과를 평가하는 과정에 시민이 참여해야 한다. 경찰 서비스도 경찰만의 일이 아니라 경찰과 시민이 함께 만들어 내고 함께 소비하는 '프로슈머(Prosumer)' 방식이라는 인식 전환이 필요하다.

무엇보다 시급한 과제는 시·도와 시·도경찰청 사이의 연계 서비스 확대다. 시민이 제도 변화를 피부로 느낄 수 있어야 하고, 현장 경찰관이 가장 필요로 하는 '경찰과 자치단체의 24시간 업무 연결고리'가 갖추어져야 한다. 시·도자치경찰위원회는 이 두 조직 간 연계 서비스를 강화하는 정책을 적극적으로 설계하고, 법이 부여한 권한을 충분히 활용해 실제로 실행에 옮겨야 한다.

이제는 공동체의 문제를 더 이상 경찰에게만 맡겨 둘 수 없다. 시민과 경찰이 함께 머리를 맞대고 고민하며 해결책을 찾아 나서는 연대와 협치가 필요하다. 자치경찰제의 본격 출발선에 선 지금, 주민을 중심에 두고 경찰의 목표와 역할을 다시 정리해야 한다. 공동체의 한 구성원으로서 각자가 어떤 역할을 맡을 것인지 새롭게 모색할 때다.

하나의 문제에 한 가지 답만 있는 것은 아니다. 우리 사회는 주민 주권과 다양성이라는 가치를 바탕으로 새로운 시대를 열어 가고 있다. 행정자치와 교육자치에 이어, 비록 아직 법·제도 면에서 완전히 다듬어진 단계는 아니지만, 자치경찰제가 마침내 시작되었다. 우리 지역이 다시 활력을 되찾고 회복되는 열쇠는 이제 우리 손에 쥐어졌다. 오늘부터 우리는 모두 시민이자, 또 다른 의미의 '경찰'이다.

중도일보 기고 (18면, 2021.7.1)

74 창간 74주년 중도일보

자치경찰에서 '자치'는 수식어가 아니다

자치경찰제를 본격 시행한 지 벌써 두 달이 지났다. 그런데 시민도, 현장 경찰관도 크게 달라진 점을 체감하지 못한다고 말한다. 지방자치 30년 만에 도입된 제도라는 점을 생각하면 기대에 비해 아쉬운 결과다.

사실 이번 자치경찰제는 기존 국가경찰의 조직과 신분, 업무를 거의 그대로 둔 채, 생활안전 · 여성청소년 · 교통 등 일부 업무에 '자치경찰 사무'라는 이름을 붙이고, 시·도별 자치경찰위원회(자경위)가 지휘 · 감독하도록 한 구조다. 어느 정도 예견된 한계였던 셈이다.

국가경찰과는 기능과 역할이 뚜렷이 구분되고, 따로 조직 · 인력 · 재원을 갖춘 다른 나라 자치경찰제와 비교하면, 우리 제도는 상당히 특이한 형태라는 점도 부

인하기 어렵다.

여기에 자경위의 다소 미온적인 태도도 한몫하고 있다. 시·도 단위로 구성된 자경위가 최근 몇 달 동안 심의 · 의결한 안건 상당수는, 기존 시·도경찰청이 해오던 경찰 업무를 단순히 '승인'하는 수준에 머물러 있다. 특히 법으로 위임받은 전보 · 직위해제 · 징계 등 임용권 대부분을 다시 시·도경찰청에 넘겨 제도 변화를 사실상 외면한 점은 아쉬움이 크다. 관련 세부 법규가 아직 충분히 정비되지 않았다는 사정도 있었지만 말이다.

그 결과, 자경위는 임용권을 실제 행사하면서 법적 흠결을 서둘러 메우도록 압박할 기회를 스스로 포기했다는 비판에서 자유롭지 못하다. 인사권 다툼이 소송으로 이어질 때, 그 부담을 피하려 한 것 아니냐는 지적도 나온다. 권한은 누리되 책임은 지지 않으려 한다는 것이다. 이런 흐름이 계속된다면, 자경위는 시민의 세금만 소비하는 고비용 · 저효율의 '옥상옥(屋上屋)' 조직으로 전락할 위험이 있다.

시민들이 자치경찰제의 변화를 체감하지 못하는 또 다른 이유는, 자경위 스스로 경찰 사무를 이제 막 배워가는 단계라는 점과도 관련이 있다. 그렇다고 해서 제1기 자경위가 손 놓고 있을 수는 없다. 제대로 역할을 하려면 현실에 대한 이해를 바탕으로, 접근 방식부터 과감히 바꿀 필요가 있다.

지금까지는 '자치경찰'이라는 개념에서 '경찰'을 상수(常數)로 두고, 기존 경찰활동을 어떻게 하면 조금 더 '자치스럽게' 보이게 할 수 있을지에만 매달린 측면이 있다. 또는 자경위라는 독립·중립 기구만 하나 만들어 그럭저럭 굴러가게 하면, 그것이 곧 자치경찰이라고 믿고 싶은 마음도 있었을지 모른다.

하지만 자경위와 사무국 파견 공무원들이 서둘러 익히려는 '경찰'이, 해방 이후 지금까지 이어져 온 국가경찰 방식이라는 점부터 한 번 의심해 볼 필요가 있다. 국가경찰은 전문성을 가진 경찰 정책 담당자가 중심이 되어, '보호받아야 할 객체'로서의 국민을 후견인 입장에서 돌본다는 철학 아래 발전해 왔다.

물론 국가경찰제 아래에서도 '국민의 경찰'이 되기 위한 여러 시도가 있었던 것은 사실이다. 다만 국민의 적극적인 참여와 주도적 역할은 여전히 제한적이었다. 일부 자치경찰 전문가들조차, 자치경찰제의 최종 목표를 단지 조직·인력·재정을 분리한 '이원적 자치경찰제'로 보는 경향이 있다.

그렇기에 기존 경찰활동의 철학과 틀은 그대로 둔 채, 주관 기관만 국가에서 지방자치단체로 바꾸면 자치경찰 이념이 구현되는 것처럼 여기는 태도는 경계해야 한다.

자치경찰제의 진짜 목적은, 시·도별 실정에 맞는 치안행정과 지방행정을 유기적으로 연결해, 보다 효율적인 '종합 행정'을 제공하고 원스톱 민생치안을 구현하는 데 있다. 그런 의미에서 자치경찰 시스템과 지방행정 시스템의 '화학적 결합'이 무엇보다 중요하다. 시민이 자치경찰을 실감하려면, 경찰청뿐 아니라 지방행정의 중추인 시·도와 행정안전부의 역할이 훨씬 더 적극적으로 커져야 한다.

자경위는 경찰정책을 세우는 초기 단계에서부터 시민 공모제를 도입하고, 경찰 서비스 평가 과정과 특히 현장 경찰활동에 대한 주민 참여 폭을 획기적으로 넓히는 방향으로 운영 방식을 바꿔야 한다. 시·도와 행정안전부 역시 시민안전실, 도시 · 주택, 교통 · 건설 부서 등 지역 치안과 밀접한 지방행정부서를 재편하고, 자치경찰제에 걸맞은 연계 기능을 강화하는 데 힘을 쏟을 필요가 있다.

자치경찰제에서 '자치'는 결코 '경찰'이라는 단어 앞에 붙는 수식어에만 머물러서는 안 된다. 이제는 자치경찰이 어떤 경찰활동을 해야 하는지, 그 정의 자체를 새롭게 써 나가야 할 때다.

중도일보 칼럼 「프리즘」 (19면, 2021.09.08)

74 창간 74주년 중도일보

자치경찰 100일의 경험과 평가

지난 8일로 자치경찰제가 시행된 지 100일을 맞았다. 새해와 함께 법이 시행되면서, 시·도에서는 지난 6월 말까지 자치경찰위원회를 꾸렸고, 시·도청과 시·도 경찰청에서 공무원을 파견받아 사무국도 설치했다.

시·도의회 역시 지역에 맞는 자치경찰 사무의 범위와 내용을 정하고, 운영에 필요한 사항을 조례로 마련하느라 분주했다. 아직 겨우 서너 달 남짓 지난 시점에서 선불리 성패를 논하는 것은 조심스러운 일이다. 그렇더라도 제도의 취지와, 법 · 제도가 실제 운영되는 과정에서 드러난 몇 가지 문제를 차분히 되짚어 보는 일은 꼭 필요하다.

자치경찰 100일 평가를 말하기도 전에, 여전히 지역 주민이나 현장 경찰관들조차 "지금 자치경찰이 제대로 돌아가고 있는 게 맞느냐"고 묻곤 한다. 애초에는 국가경찰 조직을 떼어 내 별도의 자치경찰 조직을 만드는 방안이 논의되며 기대를 모았던 것도 사실이다.

그러나 실제로는 국가경찰공무원이 예전과 같은 조직과 사무실에서 그대로 근무하되, 개념상 국가경찰 사무와 자치경찰 사무를 나누어 일부 업무만 자치경찰 위원회 지휘·감독을 받는 형태로 결론이 났다. 그래서 '자치경찰 사무는 있으나 자치경찰 공무원은 없는 자치경찰제'라는 표현이 나온 것도 무리가 아니다.

그렇다면 주민이 체감할 수 있는 변화를 어떻게 만들어야 할까. 그 열쇠는 지휘·감독권을 가진 자치경찰 위원회에 있다. 위원회는 자치경찰 사무에 관한 정책 목표를 세우는 일에서부터, 그 사무를 담당하는 경찰관에 대해 징계를 요구하는 일에 이르기까지, 구조적인 변화를 이끌 수 있는 강한 권한을 갖고 있다.

문제는, 시행 초기부터 지적되었듯 위원회 구성과 운영이 아직 매끄럽지 못하다는 데 있다. 대부분 위원회가 여성 위원과 인권 전문가를 충분히 영입하지 못했고, 전국 18개 자치경찰위원회 위원 126명 가운데 112명(88.9%)이 50·60대 남성으로 채워졌다.

특히 위원장과 사무국장 등 상임위원 자리에는 여성도, 40대 이하의 젊은 층도 없다. 50대 이상 남성이 과도하게 대표되는 이 구조가 가져올 부작용은 언제든 현실화할 수 있는 잠재 위험이다. 자치경찰 사무의 상당 부분이 아동·청소년·노인·여성·장애인 등 사회적 약자 보호와 가정폭력·학교폭력·성폭력 예방이라는 점을 생각하면, 구성의 다양성을 보완하는 일은 시급하고도 중요하다.

위원회가 정책자문단 등 각종 협력기구를 둘 때, 지역사회 전문가뿐 아니라 치안 문제에 경험이 풍부하고 신망을 얻고 있는 여성·지역 주민에게도 적극적으로 문을 여는 방법이 있다. 특히 위원회 내에 여성 위원과 인권 전문가가 전혀 없는 시·도의 경우, 다양한 통로를 통해 주민 의견을 수렴할 수 있도록 외연을 넓히는 대상과 방식을 분명히 해야 한다. 일부 추천권자의 좁은 인맥이나 경험에만 의존하지 말고, 지역 공동체를 상대로 공개 모집을 확대하는 것도 바람직하다. 자치경찰제의 취지가 생활공동체의 치안 문제를 지역 주민이 직접 참여하고 주도하도록 하자는 데 있기 때문이다.

경찰 조직에 새 바람을 불어넣을 근본적인 변화는, 자치경찰위원회가 국가경찰 인사 운영에서 어떤 역할을 하느냐에 달려 있다. 최근 신임 시·도경찰청장 임용

과정을 보더라도, 후보 검증은 대개 출신과 과거 근무 경력이 요약된 서류를 검토하는 수준에 머무르고 있다. 그러나 시·도경찰청장이라면 향후 근무 계획, 지휘의 핵심 방향, 지역사회를 위한 리더십 역량까지 종합적으로 살펴보는 것이 필요하다는 데에 지역 주민도 공감하고 있다. 지구대장 · 파출소장 보직 인사와 관련해 위원회가 의견을 제시할 때 역시, 인적 사항과 경력 기술서를 서류로만 확인하는 수준에서 벗어나지 못하고 있다.

앞으로 예정된 경찰서장 인사에 대한 위원회 평가에서도, 평가 항목과 지표를 경찰청이 제시한 '표준안'에만 맞출 것이 아니라, 치안서비스 공급자를 실제로 이용하는 수요자인 지역 주민이 얼마나 만족하는지, 이른바 '주민 만족도'를 더 큰 비중으로 반영할 필요가 있다. 자치경찰위원은 어디까지나 지역 주민이 일정 기간 맡겨 둔 '대리인'이라는 사실을 잊지 말아야 한다.

중도일보 칼럼 「프리즘」 (19면, 2021.10.19)

자치경찰제 시행 100일의 회고와 전망

벌써 100일이다. 시행 100일을 맞아, 비록 짧은 기간이지만 분주하게 준비하며 달려온 그간의 성과를 돌아보는 일은 의미가 있다. 제도 시행 초기 나타난 사례들을 점검하면서 앞으로 나아갈 방향을 다시 확인할 수 있기 때문이다.

이번 자치경찰제는 국가경찰의 조직 · 인력 · 재정, 그리고 기존 업무를 그대로 둔 채, 사무의 성격에 따라 크게 국가경찰사무와 자치경찰사무로 나누어 운영하도록 설계되었다. 다만 시·도경찰청장을 지휘 · 감독하는 자치경찰위원회를 새로 두어, 자치경찰사무에 관한 새로운 정책 목표를 세우고, 인사 · 예산 등에 관한 방침을 정하며, 자치경찰사무를 담당하는 경찰관에 대한 인사권과 경찰청장과의 협의권 등 폭넓은 권한을 부여했다. 그래서 자치경찰위원회의 인적 구성과 운영 방식은 자치경찰제의 성패를 좌우할 수 있는 중요한 변수다.

제1기 자치경찰위원회 구성은 직업과 세대 측면에서 비대칭성과 과잉 대표성이 문제로 지적된다. 전국 18개 자치경찰위원회 위원 126명을 전수 조사해 보면, 남성이 101명(80.2%), 여성은 25명(19.8%)이었다. 이 가운데 50 · 60대 남성 위원이 112명(88.9%)을 차지해, 20 · 30 · 40대 지역 주민의 의견이 제대로 반영되기 어려운 구조다. 자치경찰사무 대부분이 아동 · 청소년 · 여성 · 노인 · 장애인 등 사회적 약자 보호와 가정폭력 · 학교폭력 · 성폭력 예방과 관련된 업무라는 점을 고려하면, 이 부분은 반드시 보완해야 한다.

위원회가 정책자문단 등 관련 기구를 둘 때, 여성과 대학생, 초 · 중등 교육 전문가에게도 폭넓게 문을 여는 것은 이런 한계를 보완하는 하나의 장치가 될 수 있다. 특히 위원회 안에 여성 위원과 인권 전문가가 전혀 없는 시·도의 경우, 보다 다양한 주민의 관심과 참여가 이루어질 수 있도록 외연을 넓혀야 한다. 일부 추천권자의 제한된 인맥이나 경험에만 의존하지 말고, 지역 공동체를 상대로 공개 모집을 확대하는 것도 좋은 방법이다. 자치경찰제의 취지가 생활공동체의 치안 문제를 지역 주민이 참여하고 주도하도록 하는 데 있기 때문이다.

최근 신임 시·도경찰청장 임용 과정만 보더라도, 자치경찰위원회는 후보자의 출신이나 과거 근무 이력 등 서면 자료 검토에만 의존하는 경우가 많다. 그러나 후보자로서 앞으로의 근무 계획, 지휘의 중점, 지역사회를 위한 리더십 등을 직접 검토할 수 있는 절차를 마련해, 지역 주민이 진정으로 필요로 하는 인물을 선발할 수 있어야 한다. 지구대장과 파출소장 보직 인사에서도 비슷한 양상이 반복되고 있다. 자치경찰위원회가 경찰 조직에 새바람을 불러올 수 있는 가장 결정적인 수단 가운데 하나는, 이런 인사 협의 · 의견 제시 권한을 보다 적극적이고 실질적으로 행사하는 것이다. 그렇게 할 때 후보자들이 자치경찰사무를 바라보는 태도 자체도 달라질 것이다.

이를 제도적으로 뒷받침하려면, 시·도경찰청장과 지구대장 · 파출소장 후보자 검증 서류에 복무 계획이나 지역 특성을 반영한 자치경찰사무 수행 비전 등을 반드시 포함하도록, 제출 항목을 더 구체적이고 실질적으로 규정해 운용할 필요가 있다. 연말에 예정된 경찰서장 인사에 대한 자치경찰위원회 평가에서도, 경찰청이 제시한 '표준안'을 넘어 치안서비스의 소비자 효용을 가늠할 수 있는 평가지표 개발을 서둘러야 한다.

지방행정과 치안행정의 연계 · 협력 중요성은 아무리 강조해도 지나치지 않다. 자치경찰위원회는 시·도청과 시·도경찰청 사이에 위치한 '중간 매개자'다. 사무국은 두 기관 간 연계와 협력을 위한 정책 모델을 만드는 데 상당한 관심과 역량을 쏟아야 한다. 이런 연계 · 협력의 결과는 주민 중심의 원스톱 종합 행정서비스로 이어질 것이고, 시·도와 시·도경찰청 간 협력 업무 효율성 향상으로 나타날 것이다. 특히 아동 · 청소년 · 노인 · 장애인 같은 사회적 약자 보호가 강화되고, 지구대와 파출소에서 일하는 현장 경찰관들도 업무 편의와 주민들의 호응을 체감하게 된다면, 자치경찰사무에 대한 인식은 크게 달라질 수 있다.

자치경찰제의 하루하루는, 그 누구도 가보지 않았던 길을 걷는 시간이었다. 자치경찰제 100일을 돌아보며, 자치경찰은 곧 우리 곁의 이웃의 삶과 곧바로 맞닿아 있다는 사실을 떠올려 본다. 그 생각과 함께, 한 번 더 옷매무새를 다잡게 된다.

대통령소속 자치분권위원회 e-뉴스레터 「전문가 기고」
(2021.10.22)

자치경찰제 시행 1년의 성과, 그 강물 같은 변화

'우리 동네 경찰관'을 목표로 자치경찰제를 시행한 지도 벌써 1년이 지났다. 이제는 지역 주민의 안전을, 주민 대표성을 가진 자치경찰위원회가 주민 의견을 모으고 정책의 우선순위를 스스로 정해 맞춤형으로 제공하고 있다.

그동안 자치경찰위원회를 중심으로 추진해 온 여러 자치경찰제 운영 시도들도 하나둘씩 효과를 드러내고 있다고 볼 수 있다. 아래에서는 대전자치경찰위원회가 마치 강물처럼 꾸준히 이어 온 몇 가지 성과를 중심으로 살펴보고자 한다.

대전자치경찰위원회는 첫 회의 이후 지금까지 30여

차례 열린 회의의 '회의록'을 원문 그대로 홈페이지에 공개하고 있다. 회의 진행 과정과 위원들의 발언 내용을 그대로 글로 옮겨 공개함으로써, 대전시민은 물론 자치경찰제가 실제로 어떻게 운영되는지 궁금한 많은 이들이 자유롭게 열람할 수 있다. 지역 치안 자원을 주민을 위해 최대한 활용하려 애쓰는 위원들과 참석자들의 노력이 시민들에게 한층 더 친근하게 다가가고 있을 것이다.

자살 예방 대책, 범죄피해자 보호시설의 운영 · 확충, 사설 통학차량 안전 대책, 아동학대 예방 대책 등 사회적 약자 보호를 위해 관계자가 함께 논의하는 '관계자 의견 청취 제도'도 전국으로 확산되었으면 하는 사례다. 시청 · 시경찰청 · 교육청 · 전문가 등 관련 기관 담당자들이 자치경찰위원회 회의실에 모여 현안을 보고하고 의견을 나누며 해결책을 함께 모색하고 있다.

아동양육시설 보호아동의 안전과 학대 예방을 위한 관계자 의견 청취에 참석했던 한 분은 "자신들의 역할을 존중하고 배려해 주고, 문제 해결을 위해 최선을 다해 주셔서 감사하다"는 인사를 전했다. 시민과 현장 실무자에 대한 이런 공감과 경청이야말로 자치경찰제가 존재하는 이유라는 생각이 들었다. 그동안 멀게만 느껴졌던 경찰행정이 시민 곁으로 성큼 다가섰다는 말에, 그 의미를 다시 한 번 깊이 되새기고 있다.

대전시와 대전경찰청이 함께 운영하는 대표적인 연계 사무인 '교통사망사고 솔루션팀'도 빼놓을 수 없다. 이는 특정 지역에서 교통사망사고가 반복될 경우, 사고 발생 다음 날 오후 2시에 자동으로 유관기관의 교통안전진단 회의를 여는 현장 합동회의 제도다.

이 회의에는 대전자치경찰위원회는 물론, 대전시경찰청과 각 경찰서 교통경찰, 대전시 공공교통정책과와 자치구 교통과 담당자, 도로교통공단 실무자 등이 함께 모여 머리를 맞댄다. 해당 사고에 대한 분석은 물론, 재발 방지를 위한 교통안전시설 개선 방안, 관련 법령 제·개정 필요성까지 폭넓게 논의한다. 예전처럼 시청과 시경찰청이 각자 따로 움직이던 방식으로는 근본적인 문제 해결이 어려웠던 점을, 제도적으로 개선하려는 시도라고 할 수 있다.

자치경찰위원회가 출범할 당시만 해도 걱정과 의구심이 적지 않았다. 그럼에도 무관심이나 제도 자체에 대한 부정보다는, '그래도 한 번 지켜보자'는 마음이 더 컸다. 이제는 자치경찰위원회가 수여하는 표창이 시경찰청장의 표창과 동등한 의미를 가진다는 인식도 꽤 자리 잡은 듯하다.

자치경찰위원회는 시경찰청장 임용과 관련해 후보자를 미리 경찰청장과 협의하고, 지구대장·파출소장 인선에서도 후보자의 업무추진계획서를 꼼꼼히 검토해 시 경찰청장과 해당 경찰서장에게 적극 추천하고 있다. 형식상 '협의'와 '추천'이지만, 대전자치경찰위원회의 의견은 인사 과정에 상당 부분 반영되고 있다고 볼 수 있다.

앞으로 해결해야 할 과제도 적지 않다. 자치경찰위원회 안건 심의 과정을 시민이 더 쉽게 접할 수 있도록 SNS 등 다양한 전달 수단을 활용하고, 관계 공무원·전문가 중심이던 논의 구조를 시민과 시민단체에도 열어 직접민주주의 요소를 강화할 필요가 있다. 이를 통해 자치경찰제가 주민 참여의 장으로 한 걸음 더 나아가야 한다.

이번 광역 단위 자치경찰제 시행에서 상대적으로 소외된 기초자치단체의 참여를 넓히는 일도 중요하다. 실제로 시민 곁을 지키는 '우리 동네 경찰관'은 시·군·자치구 등 기초자치단체와 읍·면·동 단위에 설치된 경찰서·지구대·파출소에서 근무하고 있기 때문이다. 법 개정 이전이라도, 운영상 허용되는 범위 안에서 경찰서장의 자치경찰사무 수행 평가와 지구대장·파출소장 추천 과정에 기초자치단체의 참여를 최대한 보장하려는 노력이 계속되어야 할 것이다.

대통령소속 자치분권위원회 e-뉴스레터 「전문가 기고」
(19면, 2022.6.22)

부축받는 자치경찰제, 홀로서기 어렵다

전화 인터뷰가 점점 길어졌다. 자치경찰제 시행 2년을 맞아 특집 기사를 준비한다는 기자의 질문은 꼬리에 꼬리를 물었다. 시민들이 자치경찰제의 효과를 여전히 체감하지 못하고 있을 뿐 아니라, 이제는 현장 경찰관들 사이에서도 회의적인 분위기가 커지고 있다는 것이다. 여기서 말하는 시민 체감이란, 자치경찰제로 인해 서비스가 눈에 띄게 개선되어 시민 만족도가 올라가는 것이고, 일선 경찰관의 부정적 반응은 정부가 공약한 '이원화 자치경찰제' 추진이 지지부진하다는 뜻으로 읽힌다.

현행 자치경찰제가 가진 가장 큰 구조적 문제는, 겉으로는 '한 지붕 세 가족'처럼 보이지만 실제로는 한

가족이 세 지붕을 떠받치고 있는 어정쩡한 동거 관계라는 점이다. 광역자치단체마다 자치경찰위원회를 꾸려 자치경찰제를 운영하고 있지만, 정부 수립 이후 70여 년 동안 유지돼 온 국가 중심 경찰제의 틀은 거의 변하지 않았다. 경찰법은 국가경찰사무와 자치경찰사무를 분명히 구분하고 있다. 그러나 자치경찰사무를 전담하는 지방경찰공무원은 제주도를 제외하면 단 한 명도 없다. 자치경찰사무 역시 사실상 국가경찰공무원이 모두 떠안고 있기 때문이다.

자치경찰의 중심이 되어야 할 지구대·파출소 경찰관도 국가경찰 소속 112 치안종합상황실 업무를 그대로 수행하고 있어, 신고 처리와 사후 대응만으로도 벅찬 상황이다. 자치경찰제 시행과 함께 17개 시·도에 경무관급 자치경찰부장을 신설했지만, 전문성을 쌓기도 전에 6개월을 채우기 어렵게 자리가 바뀌는 일이 반복되고 있다. 자치경찰위원회 사무국에 파견된 경찰관도 있지만, 경찰서 등 현장에서 근무할 때와 비교하면 생산성과 역할에는 분명 차이가 있다. 그래서 지역경찰의 임무를 원래대로 되돌리고, 자치경찰부장 인사 과정에서 위원회와 사전 협의를 강화하며, 파견 경찰관 대신 전·현직 경찰공무원 경력을 가진 지방공무원을 채용하자는 논의가 나오는 것이다.

이처럼 자치경찰제가 도입됐음에도 경찰력 운용 방식은 실제로 과거와 크게 다르지 않다. 오히려 올해부터는 시·도가 예산을 직접 지원하는 구조를 본격적으로 활용하는 단계에 들어섰다. 2023년부터 시·도경찰청의 생활안전 · 여성청소년 · 교통 기능 예산이 지방이양 사업으로 전환되면서, 이 예산은 시·도비로 편성된다. 지방재정이라는 '금고'를 새로 갖게 된 셈이다. 여기에 2024년 자치경찰사무 예산안에도 시·도경찰청의 요구 예산이 상당 부분 반영되면서, 시·도의회 예산 심의 과정에서 잡음이 예상된다. 상대적으로 돈만 부담하는 지방정부의 불만이 나올 수 있는 구조다.

자치경찰제를 둘러싼 논의는 제도 도입 이전부터 대통령 소속 자치분권위원회를 중심으로 진행되어 왔다. 현 정부 들어 자치분권 사무가 대통령 직속 균형발전위원회로 통합된 이후에도, 자치경찰 실질화를 위한 논의는 계속됐다. 현재는 시범실시를 통한 이원화 자치경찰제 도입 방안 등을 논의하기 위해 국무총리 소속 경찰제도발전위원회가 활동 중이다. 여기에 최근 지방자치 분권과 지역균형발전이라는 두 가지 국정 과제를 아우르는 '지방시대위원회'가 출범하면서, 본격적인 자치경찰 논의의 장이 마련될 것이라는 기대도 커지고 있다.

그런데 지방시대위원회 위원 구성 단계에서부터, '지

방시대'라는 이름에 걸맞지 않게 중앙 정치의 입김이 지나치게 강하다는 우려가 나오고 있다. 이는 모든 국정 과제가 내년 총선을 의식해 움직이는 것처럼 보이는 상황에서, 자치경찰제 실질화 논의 역시 제대로 추진되지 못할 것이라는 비판과 맞닿아 있다. 대한민국의 재도약과 국격 향상을 위한 선진국형 경찰제도 설계조차 정치 논리와 유불리 계산에 밀리게 된다면, 염불보다 '젯밥'에 관심을 둔 비전문적 구성 탓에 혁신적 성과는커녕, 오히려 국민의 삶과 안전을 발목 잡는 결과를 낳지 않을까 걱정스럽다.

이 상태로라면 자치경찰제는 스스로 서기 어렵다. 법과 제도상 자치경찰에 부여된 실질적 권한은 여전히 너무 적고, 그마저도 국가경찰의 협력 없이는 한 발짝 떼기도 힘든 구조다. 홀로 설 수 없는 시간이 길어질수록, '자치경찰'이라는 이름의 제도는 시민 인식 속에서 온전한 경찰제도로 자리 잡기 어렵다. 정부는 시범실시 방안을 담은 특별자치시·도 관련 법안 준비와 국회 심의 일정을 감안하여, 로드맵에 맞춘 내년도 이원화 자치경찰제 시범실시 계획을 조속히 제시해야 한다. 자치경찰제가 스스로 설 수 있도록 하는 '실질화 일정'을 구체적으로 제시하고, 그 약속을 반드시 지키겠다는 진정성을 보여 주기를 촉구한다.

중도일보 칼럼 「프리즘」(19면, 2023.8.16.)

창간 74주년 중도일보

맞춤형 자치경찰 예산 운영 길 터 줘야

지난달 25일 전국 18개 시도자치경찰위원회(자경위) 위원장들이 협의회를 꾸리고, 지방행정과 치안행정의 연계를 강화하고 자경위의 역량을 키워 실질적인 지휘·감독권을 행사하며, 자치경찰사무를 담당하는 현장 경찰관을 적극 지원하겠다고 뜻을 모았다.

이번에 도입된 자치경찰제는 기존 국가경찰의 조직과 경찰관 신분, 그리고 대부분의 업무를 사실상 그대로 둔 채 설계된 제도다. 다만 생활안전, 여성·청소년, 교통 등 일부 업무를 '자치경찰 사무'로 이름 붙이고, 이 부분에 한해 자경위의 지휘·감독을 받도록 한 점이 특징이다.

기존에는 경찰청장이 모든 경찰사무를 지휘했지만,

자치경찰제 아래에서는 국가경찰사무만 총괄하도록 권한을 나누었다. 주민 생활과 직결되는 민생치안에 해당하는 자치경찰 사무에 대해서는 자경위가 시도경찰청장을 지휘·감독해 수행하도록 했고, 경찰 수사 전반에 대한 지휘·감독은 별도의 국가수사본부장이 맡도록 했다. 이로 인해 자경위가 책임져야 할 민생치안의 무게는 더욱 커졌고, 자경위가 얼마나 역량을 발휘하느냐에 따라 지역 주민의 삶의 질도 크게 달라질 수 있게 되었다.

각 시·도는 곧 내년도 예산안 심의를 앞두고 있어, 자치경찰 사업 예산을 둘러싼 법과 제도를 서둘러 정비할 필요가 있다. 제도 시행 첫해인 올해는 경찰청이 기존과 비슷한 수준으로 민생치안 사업비를 직접 집행해, 시민과 현장 경찰관 모두 자치경찰제의 변화를 체감하기 어려웠다. 그러나 내년부터는 시·도별로 추가 편성한 자치경찰 사업 예산이 실제로 집행된다. 준비가 미흡하면 내년도 자치경찰 활동은 크게 위축되고, 치안서비스의 질이 되레 떨어질 수 있다.

기존 민생치안 사무에 대한 2022년도 예산안은 예년과 마찬가지로 경찰청 예산 지침에 따라 국고보조금 형태로 편성되고 있다. 하지만 자치경찰제가 시행된 이상, 각 지자체 특성에 맞는 새로운 치안서비스를 개발하고, 지방행정과 치안행정을 연계·협력하는 사업을 추진하려면 별도의 신규 예산이 반드시 필요하다.

문제는 국고보조금의 특성상 예산 규모와 사용처에 한계가 있어, 기존 국가경찰 시스템을 그대로 이어 가는 데 그치기 쉽다는 점이다. 여기에 지방예산의 신규 편성에 대해서도 지방의회가 "선례가 없다", "법적 근거가 부족하다"는 이유로 주저하고 있다. 지방재정법과 지방자치단체 회계관리 훈령에는 지방자치단체가 국가기관을 위해 예산을 집행할 수 있는 명시적 근거가 없기 때문이다. 이 때문에 시·도 예산을 국가기관인 시·도경찰청 사업에 재배정하는 데 제약이 따른다.

경찰법상 민생치안은 원칙적으로 경찰청장의 직접 권한에서 벗어나 있다. 자치경찰제 설계도, 자경위가 이런 구조 안에서 제 역할을 충분히 할 수 있다는 전제를 깔고 있다. 하지만 이런 법·제도적 제약으로 인해 손발이 묶인 현실을 고려하면, 큰 기대 속에 출발한 자치경찰제가 추진 동력을 잃고 엉뚱한 방향으로 흘러갈 가능성도 적지 않다.

시·도경찰청에서 근무하는 경찰관도 엄연한 지역 주민이다. 시·도가 지역 예산을 투입해 이들의 근무 여건과 환경을 개선하는 일은, 결국 그 지역 주민 모두의 안전과 편익을 높이는 투자라는 사실을 잊지 말아야 한다.

서울신문 칼럼 [In&out], (29면, 2021.09.13)

서울신문

비효율적 자치경찰제와 새 국회의 과제

지방정부마다 제2기 자치경찰위원회 구성을 준비하느라 분주하다. 2021년 제1기 대전자치경찰위원회 위원으로 추천을 받았을 때, 나 역시 적잖이 망설였다. 위원으로 직접 제도 운영에 참여하는 것과, 바깥에서 제도 완성에 힘을 보태는 것 중 어느 쪽이 공동체 발전에 더 도움이 될지 깊이 고민했다.

개정 '경찰법'이 2020년 12월 9일 국회 본회의를 통과하기까지, 나는 한국경찰학회 회장으로서 수많은 학술대회와 정책토론회를 주관했고, 국회 행정안전위원회 법안심사소위원회에서 진술인으로 마지막 단계의 법안을 검토했다. 그 과정에서 자치경찰제도가 출발부터 숨쉬기 힘들 정도의 제도적 한계를 안고 있다는 점을 누구보다 잘 알고 있었기에 더욱 조심스러웠다.

2020년 7월까지만 해도, 중앙정부와 여야 정치권, 지방정부, 현장 경찰관 등 이해관계자들이 함께 논의하고 공감대를 쌓아 가던 '다른 자치경찰제'가 있었다. 지금과 달리, 자치경찰 사무를 수행할 별도의 조직과 인력을 갖추는 방식이었다. 지방정부마다 자치경찰본부와 자치경찰대, 지구대와 파출소를 두고, 약 4만 3천 명의 자치경찰공무원이 중립적 성격의 시도자치경찰위원회를 중심으로 치안사무를 담당하는 구상이었다.

그러나 2020년 8월에 들어서면서 문재인 정부와 여당은 코로나19라는 국가적 위기 상황 속에서 서둘러 설계를 바꾸었다. 재정 부담, 그리고 국민과 일선 경찰관의 혼선·혼란을 최소화해야 한다는 이유에서였다. 국회 역시 제도 완결성보다는, 검경수사권 조정 이후 '비대해진 경찰권을 분산한다'는 정치적 의미에 더 무게를 두었다. 언론도 이를 두고 "진정한 지방자치를 향한 경찰권 분권의 서막"이라는 평가를 내놓았다.

출발 때부터 '과도기적' 성격으로 규정

지난 3년 동안 자치경찰 활동이 기대에 미치지 못했다는 우려와 비판이 이어졌지만, 모두가 잘 들여다보지 않은 진실이 하나 있다. 당시 여야 합의의 바탕에는

"일단 출발하되, 운영상 나타나는 문제를 파악해 가며 고쳐 나가자"는 약속이 있었다. 언론이 자치경찰제를 '과도기적' 제도로 규정한 것도 이 때문이다. 윤석열 정부가 '자치경찰제 실질화'를 대통령 공약에 명시하고, 국무총리 소속 경찰제도발전위원회를 설치해 후속 논의를 이어 온 것도 같은 맥락이다. 그럼에도 지구대·파출소 운영이나 승진·보직 등 인사 영역에서 자치경찰 요소를 실질적으로 강화하는 법령 개정은 아직 이뤄지지 않았다.

최근 한 언론은 "자치경찰제는 몸집만 키워 예산만 잡아먹는 하마였다"고 비판적인 기사를 내보냈다. 그러나 실제로 자치경찰위원회와 산하 위원회 운영비·회의비는 시도 예산 편성과 시도의회 예산 심의 과정에서 엄격하게 통제된다. 결코 '방만하다'고 말하기 어렵다. 지급되는 수당과 예산은 조례에 명시되어 있고, 액수도 과도하다고 보기 힘들며, 집행 과정 역시 매년 감사 대상이다. 20년 넘게 지방행정과 함께 다져 온 예산 통제 장치 안에서 운영되고 있다.

위원회의 해외 출장 또한 필요성과 예산 규모를 두고 시도와 시도의회의 심사를 거쳐야 한다. 방문 대상 지역도 각 위원회가 담당하는 치안환경에 따라 다르기 때문에, 중앙 부처 간 '중복 출장' 문제와는 성격이 다르다. 그나마 재정 여건이 좋은 서울·부산 등 일부 시·도를 제외하면, 2006년부터 자치경찰 경험을 쌓아 온 제주자치경찰단을 방문하는 일조차 선뜻 결정하지 못하거나, 여건상 시도하지 못한 곳이 더 많다.

물론 실질적인 지역 맞춤형 치안정책을 발굴·추진하는 면에서 미흡하다는 점은 나도 인정한다. 하지만 자치경찰 정책과 관련된 핵심 기능 상당수가 여전히 국가경찰 쪽에 남아 있다는 점 역시 함께 봐야 한다.

자치경찰제는 김영삼 정부부터 문재인 정부에 이르기까지 역대 모든 정부가 심도 있게 논의하고, 비교적 일관된 방향으로 추진한 끝에 제도화한, 우리 민주주의 발전의 소중한 자산이다. 어느 한 정권이나 특정 정당의 '이름표'를 붙여 쉽게 외면할 수 있는 제도가 아니다.

자치경찰제는 민주주의 발전의 소중한 자산

이번 제22대 총선에서 기록적인 투표율로 드러난 민심은, 우리 사회가 한 번 더 큰 민주적 도약을 원하고 있음을 보여 준다. 새롭게 출범한 제22대 국회는 제도 시행 초기부터 드러난 문제들을 유권자의 눈높이에 맞게 손질해, 자치경찰제가 보다 효율적으로 기능하도록 개선해야 한다.

지난 3년은 제도적 미비와 새 시스템 도입에 따른 시행착오가 뒤섞인 '고난의 시간'이었다. 그러나 그 과정에서 우리가 얻은 경험과, 무엇을 어떻게 고쳐야 할지에 대한 통찰 역시 적지 않다. 제도 출범 당시 "지속적인 개선을 약속"했던 정치권은, 이제 그 약속을 실제 행동으로 옮겨야 한다. 자치경찰제를 다듬고 완성해 가려는 노력이야말로, 우리 민주주의를 한 단계 더 성숙하게 만드는 길이기 때문이다.

내일신문 칼럼 「신문로」 (22면, 2024.4.12.)

내일신문

주민중심으로 경찰의 목표와 역할을 다시 쓰는 자치경찰제

지난해 말 '경찰법' 전면 개정으로 자치경찰제가 도입되었다. 자치경찰제의 가장 큰 매력은 주민이 '경찰의 역할'을 다시 정의할 수 있게 되었다는 점이다. 지금까지의 국가경찰제에서는 경찰이 마을 공동체의 세세한 민생 현안까지 챙기기에는 여러모로 한계가 있었다고 볼 수 있다.

하지만 올해부터 자치경찰의 지휘·감독 기관으로 시·도 단위에 설치된 자치경찰위원회는, 지역의 특성과 필요에 맞게 자치경찰사무의 목표를 다시 세우고 주민 곁으로 더 가까이 다가갈 수 있게 되었다.

치안자치의 도입으로, 행정자치와 교육자치에 이어

이른바 '지방자치의 완성'에 한 걸음 더 다가섰다는 평가도 가능하다. 이제 마을 공동체의 안전과 치안복지 문제 역시 우리 스스로 결정하고 실행할 수 있는 토대가 마련된 셈이다.

이 글에서는 자치경찰제 전면 시행에 앞서 진행된 시범운영 기간 동안 드러난 몇 가지 쟁점을 살펴보고, 자치경찰 제도 정비를 위한 개선 방향을 제안해 보고자 한다.

첫째는 위원회 위원 구성 문제다. 현재까지 구성된 15개 위원회의 위원 105명을 보면, 이 중 여성 위원은 20명(19%)에 그친다. 위원 전원이 남성으로만 꾸려진 곳도 4곳이나 된다. 이런 구조에서는 아동 · 여성 · 청소년 범죄와 관련된 논의와 정책 수립에서 시각과 경험의 다양성이 부족해질 수밖에 없다.

대안으로, 지금처럼 여러 추천권자와 시·도지사가 곧바로 위원을 임명하는 방식 사이에, 주민 공모를 통해 구성된 '위원추천위원회'를 두는 방안을 생각해 볼 수 있다. 이 추천위원회가 복수의 후보를 뽑으면, 시·도지사가 전체적인 균형을 고려해 최종 위원을 선택하는 방식이다.

이런 구조는 여성 위원과 인권 전문가를 위촉하고,

연령 · 계층 · 직업별로 보다 균형 잡힌 위원 구성을 이루는 데에도 도움이 될 것이다.

둘째는 수시 임용권 · 감찰 요구권 등 '적시성'이 중요한 사안에 대해, 위원회의 심의 · 의결 절차를 간소화하자는 논의다. 경찰 업무는 긴급성과 돌발성이 강한데, 현재 구조로는 위원회 심의 · 의결 절차 때문에 업무 속도가 떨어지고 적시성이 보장되지 않다는 지적이 나온다. 그래서 서면 결의나, 위원장 · 사무국장에게 일정 사안을 위임해 먼저 결정하고 나중에 위원회가 추인하는 절차를 두자는 의견도 제기된다.

그러나 위원회의 심의 · 의결 사항은 현장의 사건사고에 대한 즉각 조치와는 성격이 다르다는 점을 분명히 해야 한다. 경찰에 대한 민주적 통제를 위해 합의제 행정기관인 자치경찰위원회가 시·도경찰청장을 지휘 · 감독하도록 한 이유는, 위원회 내에서의 토론과 숙의, 그리고 표결 과정을 통해 경찰권 행사가 더 민주적이고 주민 친화적인 방향으로 이뤄지도록 하자는 데 있다.

민주주의는 본질적으로 시끄럽고 더디게 느껴질 때가 많다. 하지만 '민주적 효율성(Democratic Efficiency)'은, 신속함만을 앞세우는 전제주의 · 독임제 행정의 부작용을 넘어선다. 단지 속도만을 이유로 위원회의 심의 · 의결 과정을 형식적인 서면 결의로 바꾸거나, 시·

도경찰청장에게 포괄적으로 위임하는 결정은 매우 신중해야 한다.

셋째는 자치경찰사무 담당 공무원의 후생 · 복지 지원 문제다. 대부분 시·도 조례는 자치경찰사무를 수행하는 공무원에게 복지와 처우 면에서 추가 지원을 할 수 있도록 규정하고 있다.

그러나 시·도에 별도의 복지 · 처우 개선을 요구하려면, 자치경찰제 도입으로 실제 업무가 늘어났다는 객관적 근거가 전제되어야 한다. 지금 시행되는 자치경찰제는 국가경찰공무원의 신분을 유지한 채, 기존 경찰사무를 단지 '국가경찰사무'와 '자치경찰사무'로 구분해 놓은 구조에 가깝다.

기존 업무에 자치경찰이라는 이름표만 새로 붙였다는 이유만으로, 업무량이 크게 늘었다고 보기는 어렵다. 주민 특화 서비스 등으로 구체적인 업무가 실질적으로 증가한 경우라면 별도의 지원 논의가 타당하겠지만, 그렇지 않은 상황에서 무조건 보상을 앞세우는 것은 설득력이 떨어진다.

이제 자치경찰제 시행으로, 경찰 조직은 기능성과 효율성뿐만 아니라 민주성 · 경찰권의 민주적 통제라는 가치를 우리 사회에 구현할 수 있는 기회를 얻게 되었다. 물론 이번 자치경찰제 시행을 위한 '경찰법'이 내용 면에서 완벽하다고 보기는 어렵다.

그러나 인류 역사 속 모든 법과 제도가 그러했듯, 현행 '경찰법' 역시 수정·보완되는 과정을 거치면서 점차 주민에게 실질적인 도움이 되는 방향으로 나아갈 것이라고 믿는다. 시·도의회에서 지방의원이 경찰 책임자를 상대로 마을의 안전 문제를 질의하고, 함께 해결책을 고민하는 모습은 상상만으로도 가슴 뛰는 장면이다.

제도 시행 초기 가장 중요한 덕목은, 관계자 모두가 국가경찰의 오랜 역사 속에서 굳어진 고정관념과 관성에서 벗어나는 일이다. 자치경찰에 관한 논의는 언제나 주민과 자치경찰관의 시각에서, 매번 새로 출발해야 한다.

그동안 '국가의 영역'으로만 여겨졌던 치안사무가 자치의 영역으로 들어왔다는 사실은, 시대정신이 분명히 바뀌고 있음을 의미한다. 주민의 다양한 목소리에 귀 기울이는 치안복지가 우리 사회에 제대로 뿌리내리기를 바란다.

문화체육관광부 「대한민국 정책브리핑」(2021.6.24)

대전형 자치경찰, 청출어람(靑出於藍)이어야

지난달 29일, 대전시 초대 자치경찰위원회가 공식 출범식을 가졌다. 대통령 소속 자치분권위원장과 경찰청장 등 중앙정부를 대표하는 인사들도 대전을 찾아 축하를 전했다. 이번 출범은 특별·광역시 가운데 전국 최초라는 점에서 의미가 남다른 만큼, 시민들의 기대도 크다. '출범(出帆)'이란 배가 항해를 시작하기 위해 돛을 올리는 일이다. 이제 막 육지를 떠나 미지의 바다로 나아가는 만큼, 조심스러우면서도 때로는 과감한 선택이 필요할 것이다.

준비 과정에서 우려의 목소리도 있었다. 특히 서둘러 돛을 올리다 보니, 자치경찰위원에 여성 위원이 한 명도 없다는 비판이 나왔다. 현행 '경찰법'은 특정 성

(性)이 10분의 6을 넘지 않도록 '노력하여야 한다'고만 규정해 강제력은 약하다. 그럼에도 추천권자와 지명·임명권자 모두가 여성 위원 영입에 소홀했다는 지적은 피하기 어렵다.

이와 관련해 1996년 제정된 '여성발전기본법'에서 출발한 '양성평등기본법' 제21조는 성별 균형을 보다 강하게 요구하는 강행 규정이라는 점을 기억할 필요가 있다. 자치경찰위원회 구성 주체를 다섯 곳으로 나누고, 각 주체가 추천·지명한 7명을 시·도지사가 임명하도록 한 현재 경찰법 체계 안에서, 여성 위원 임명을 실질적으로 보장할 수 있도록 보완 입법을 서둘러 마련해야 한다. 다행히 대전경찰청에는 전국에서 유일하게 여성 청장이 있고, 자치경찰위원회 사무국에도 여성 과장이 임명되었다. 남성으로만 구성된 위원회를 비판해 온 시의회와 여성단체도, 앞으로 대전자치경찰의 각종 정책에서 여성의 시각이 얼마나 잘 반영되는지 꾸준히 점검해 주기를 기대한다.

자치경찰위원회는 7월 1일 본격 시행을 앞두고 해야 할 일이 많다. 먼저, 경찰법상 심의·의결기관에 불과한 국가경찰위원회도 월 2회 정기회의를 운영하고 있다는 점을 감안하면, 합의제 행정기관인 자치경찰위원회는 그보다 더 자주, 규칙적인 회의를 여는 것이 바람직하다. 1991년 설치된 국가경찰위원회가 2018년 정기회의 제도 도입 이후, 월평균 상정 안건 수가 9.2건에서 17.6건으로 두 배 가까이 늘었다는 사실은 긍정적 신호다. 예산 부담을 이유로 자치경찰위원회의 핵심 기능인 심의·의결 절차가 형식적으로 흐르지 않도록 각별히 주의해야 한다.

둘째, 경찰 인사에서 반칙과 특혜가 없도록 엄정해야 한다. 현장 경찰관의 동기 부여와 사기 관리는 자치경찰제의 성패를 좌우하는 핵심 요소다. 양성평등 문화를 정착시키고 합리적인 인사 관행을 만들기 위해, 자치경찰위원회 스스로 인사 원칙을 명확히 세우고 이를 뒷받침할 전문성을 키워야 한다. 인사 평가 기준도 미리 손질해, 지구대와 파출소에서 근무하는 경찰이 '비번에까지 범인을 잡으러 다니는 것'이 아니라, 평소 예방 순찰과 시민 응대만 잘해도 높은 평가를 받을 수 있도록 방향을 바꿔야 한다. 그래야 조직 분위기도 자연스럽게 주민 밀착형으로 전환될 것이다.

셋째, 치안서비스의 '고객'인 시민의 목소리(VOC)를 들을 수 있는 통로를 폭넓게 열어야 한다. 국가경찰 시절의 성공 경험에만 기대다 보면, 점점 다양해지는 생활 치안 수요에 적절히 대응하기 어렵다. 현장 경찰의 목소리를 정책에 반영하기 위해, 일선 경찰관으로 구성된 ‘대전청년경찰정책단’을 운영하고, 주민 중심의 ‘공동체 치안 정책단’을 두는 방안도 생각해 볼 만하다.

무엇보다 중요한 것은, 시민 각자는 물론 시의회와 시민단체까지도 합리적이고 생산적인 비판을 통해 자치경찰과 협력의 손을 맞잡는 일이다. 자치경찰위원회는 경찰의 법 집행을 견제하고 시민을 지켜 내는 민주적 기관이 될 때 비로소 존재 의미를 가진다. 공정함을 바라는 시대정신과 대전시민의 민주 의식에 부응하고, 현장 경찰이 신명 나게 일할 수 있도록 실효성 있는 정책과 투명한 관리 체계를 만드는 데 최선을 다해야 한다.

국가경찰에서 자치경찰로의 전환은 치안 패러다임을 바꾸는 혁신이다. 자치경찰의 새로운 코드 역시 ‘혁신’이어야 한다. 과거의 틀에 갇히지 말고, 자치경찰사무를 새롭게 해석하려는 노력이 있을 때 비로소 새로운 희망을 이야기할 수 있다. 청출어람(靑出於藍), 푸른 색은 쪽에서 나왔지만 쪽보다 더 푸르다. 이제 돛을 더 높이 올려야 할 때다.

중도일보 칼럼 「프리즘」(19면, 2021.5.5)

제2기 대전자치경찰 위원 추천 유감(遺憾)

불과 3년 전의 일이다. 제1기 대전자치경찰위원회는 출범 때부터 여성 위원과 인권 전문가가 한 명도 없다는 여론의 거센 비판을 받았다. 경찰법은 "위원은 특정 성(性)이 10분의 6을 초과하지 아니하도록 노력해야 한다"고 규정해 남성 위원이 4명을 넘지 않도록 유도했지만, 실제로는 7명 전원이 남성으로 임명되었기 때문이다. 물론 강행 규정이 아니어서 법을 어긴 것은 아니었고, 인권 전문가 영입 역시 "임명될 수 있도록 노력해야 한다"는 수준의 임의 규정이었지만, 대전 시민의 시선은 냉정했다.

최근 들려오는 제2기 대전자치경찰위원회 구성 과정과 추천된 인사들의 면면을 보면, 변호사 · 교수 · 전직 학교장 · 퇴직 경찰 등이 포함된 것으로 알려졌다. 그런데 전체 7명 가운데 4명이 대전경찰청이나 관내 경찰서에서 부서장이나 경찰서장으로 근무하다 퇴직한 전직 경찰이라고 한다. 전국 18개 시·도 자치경찰위원회를 통틀어, 위원의 과반수가 퇴직 경찰인 경우는 거의 찾아보기 어려운 일이다.

현행법상 자치경찰위원회 위원 임명권은 시장에게 있다. 그러나 실제로는 대전시의회(2명), 국가경찰위원회(1명), 대전시 교육감(1명), 위원추천위원회(2명), 대전시장(1명 · 위원장 임명) 등 5개 추천 기관이 각자 추천권을 행사하면, 시장은 이 추천을 거부하거나 변경을 요구할 법적 권한이 없다. 시장에게는 형식적 임명권만 있을 뿐이다. 자치경찰위원회의 독립성과 정치적 중립성을 보장하겠다는 취지로, 위원 구성에 대한 시장의 개입을 최대한 제한해 놓았기 때문이다. 하지만 이런 입법 방식은 초대 위원회 구성 때부터 위원의 성별 · 연령 · 직업 구성이 지나치게 한쪽으로 기우는 결과를 낳았다.

2022년에는 이런 문제를 보완하고자 '자치경찰위원회 위원구성협의체'를 둘 수 있도록 제도를 손봤다. 여러 추천 기관이 한자리에 모여, 구성상의 문제를 사전에 협의 · 조정하자는 취지였다. 대전에서도 '제2기 대전자치경찰위원회 위원 구성을 위한 협의체'를 운영했다. 그러나 결과만 놓고 보면 이번 협의체 운영은 사실상 실패했다. 참여한 추천 기관들의 무관심과 소극적인 태도가 원인으로 보인다. 각 추천 기관이 어떤 기준과 절차를 거쳐 후보를 정했는지는 여전히 불투명하다. 예를 들어 대전시의회는 서로 다른 정파의 이해관계를 어떻게 조율해 최종 후보를 골랐는지 궁금증을 낳는다.

자치경찰위원회의 상임위원인 위원장과 사무국장은 연봉이 1억 원을 넘는 자리다. 퇴직 경찰에게는 상당히 매력적인 일자리일 수 있다. 그러나 자치경찰제 도입의 배경에는, 검 · 경 수사권 조정 이후 '비대해진 경찰권'을 나누고 분산하려는 분명한 취지가 있었다. 그런 점에서 퇴직 경찰이 과반수를 차지할 정도로 자치경찰위원회에 진출하는 것은 이 취지와 어긋난다. 지방자치의 핵심 가치인 주민 다양성을 외면한 것이고, 이미 커진 경찰권을 다시 한곳에 모으려 한다는 비판을 피하기 어렵다. 더구나 이대로라면 위원장과 사무국장 자리까지 모두 고위직 경찰 출신이 차지할 가능성이 크다는 말도 나온다. 이는 대전경찰 내부는 물론, 대전 시민 누구에게도 달갑지 않은 그림이다. 자치경찰제를 향한 시민의 기대에 찬물을 끼얹는 결과가 될 수 있다.

자치경찰위원회는 경찰 전문가만 모이는 곳이 되어서는 안 된다. 법률 · 인권 · 여성 · 청소년 · 사회복지 · 교육 · 도시계획 · 시민운동 등 여러 분야의 전문가가 고르게 참여할수록, 직업과 세대를 아우르는 주민의 목소리를 균형 있게 듣고 지역 맞춤형 치안정책을 만들 수 있다. 추천 과정에서 과연 객관성과 절차적 정당성이 얼마나 지켜졌는지, 이제 냉정하게 돌아볼 필요가 있다.

남은 열흘 동안 대전시장의 고민은 깊어질 수밖에 없다. 이제라도 대전시의회 등 '정치력'을 발휘할 수 있는 추천기관들이 문제 해결에 나서야 한다. 퇴직 경찰이 과반을 넘는, 전례 없는 대전자치경찰위원회 출범은 당사자들에게도 큰 부담일 뿐 아니라, 자치경찰제의 미래를 위해서도 결코 가볍게 넘길 수 없는 일이다.

대전일보 칼럼 「대일논단」(18면, 2024.4.11.)

대전일보

자치경찰,
민생치안으로 온다

서울시 · 대전시 · 세종시 · 충청남도 등 광역시·도(이하 '시·도')를 중심으로 한 자치경찰제가 1월 1일부터 시행되었다. 행정자치와 교육자치가 도입된 지 벌써 30여 년이 된 것에 비하면, 치안 자치는 이제 막 첫발을 뗀 셈이다. 이로써 자치정부(Self Government)는 행정과 교육, 민생치안에 이르는 주민 맞춤형 종합행정을 보다 안정적이고 적극적으로 추진할 수 있는 기반을 갖추게 되었다.

이미 서울시는 올해 초 '자치경찰제도팀'을 출범시켰고, 강원도도 지난달 29일 강원도자치경찰위원회 위원추천위원회 구성을 마쳤다. 충청남도 역시 지난 3일 '자치경찰사무와 자치경찰위원회 조직 및 운영 등에 관한 조례 제정안'을 입법예고했다. 이런 흐름은 지난달 4일, 대전경찰이 '대전지방경찰청' 현판을 '대전광역시경찰청'으로 바꾼 순간 이미 예고된 변화였다. 올해 6월 30일까지 준비와 시범운영을 거쳐, 7월 1일부터는 각 시·도가 저마다 특색 있는 자치경찰 · 민생치안 시스템을 본격 시행하게 된다.

자치경찰제가 시행되면서 주민이 체감할 가장 큰 변화는, 시·도마다 자치경찰사무를 책임지는 자치경찰위원회가 구성되고, 이 위원회가 자치경찰사무에 관해 시·도경찰청장을 직접 지휘 · 명령하게 된다는 점이다. 그동안 경찰청장이 전국 치안을 일괄적으로 관장해 온 구조와 뚜렷이 구별되는 지점이다. 자치경찰위원회는 자치경찰사무에 관한 경찰 인사 · 예산 · 임용 · 평가 · 인사위원회 운영 등에 일정한 권한을 부여받고, 지역 자치경찰사무 전반에 대해 책임을 진다. 특히 시·도경찰청장 임용과 관련해 경찰청장과 협의하고, 경찰서장의 자치경찰사무 수행에 관한 평가 결과를 경찰청장에게 통보함으로써, 시·도경찰청장과 경찰서장 인사에 법적 영향력을 행사할 수 있다. 그만큼 자치경찰위원회를 얼마나 주민 중심적으로 구성하고 운영하느냐가 민생치안의 성패와 직결되는 중요한 과제가 되었다.

'될성부른 나무는 떡잎부터 알아본다'는 말처럼, 새로운 제도가 세상에 나올 때마다 힘 있는 자리와 직함을 둘러싸고 부적절한 인사들이 서둘러 움직이는 모습을 우리는 여러 번 목격해 왔다. 자치경찰위원회 위원장은 고위 정무직(1급 또는 2급 상당)으로 보하는 자린데, 시·도지사가 자치경찰위원 1명을 지명하고 그 가운데에서 위원장을 임명할 수 있다는 점을 감안하면, 시·도지사가 이 권한을 어떻게 행사하는지가 매우 중요하다.

첫술에 배부를 수는 없지만, 제1기 자치경찰위원회의 구성과 운영은 훗날 선례로 남기 때문에 특히 신중해야 한다. 자치경찰위원회는 주민의 생명 · 신체 · 재산을 보호하고, 공동체의 안녕과 질서를 지키는 데 절대적인 영향을 미친다. 그런 만큼 위원 구성권을 가진 시·도의회, 교육감, 위원추천위원회 등의 추천 책임은 그 어느 때보다 무겁다. 제1기 자치경찰위원회가 주민의 눈높이에 맞는 최적의 인물들로 구성되는지, 모두가 관심을 갖고 지켜볼 필요가 있다. 시·도지사가 어떤 인사를 자치경찰위원장과 위원으로 지명 · 임명하는지, 그리고 각 추천 기관이 어떤 사람을 추천하는지도 꼼꼼히 따져 보아야 한다.

자치경찰제가 제대로 안착하려면, 무엇보다 주민의 관심과 참여가 뒷받침되어야 한다. 최근 어느 자치정부가 실시한 시민 인식조사에서, 자치경찰제에 대해 "잘 알고 있다"고 응답한 비율이 5%도 되지 않았다는 결과는 시사하는 바가 크다. '자치'경찰이라는 이름이 무색할 정도다. 그동안 자치경찰제 도입 논의 과정에서, 경찰청 등 중앙정부가 국가경찰 중심의 시각에서 자치경찰 사무 구분과 후속 법령 작업을 주도해 왔고, 시·도와 주민은 도입 절차에서 상대적으로 소외되어 있었다는 방증이기도 하다. 여기에 시·도와 주민의 미온적 태도와 무관심도 한몫했다.

실제로 몇몇 시·도에서는 자치경찰사무를 정하는 조례 입법예고안에, 중앙정부가 제시한 '표준 조례안'을 토씨 하나 바꾸지 않고 그대로 베껴 넣었다. '표준'이라는 말 그대로 하나의 기본틀로 삼을 수는 있지만, 각 시·도의 특성과 치안 현실에 맞게 내용을 조정하고 보완할 권한이 있음에도 이를 적극 활용하지 못한 것이다. 자치정부가 '자치'라는 이름에 걸맞은 고민을 하고, 각 지역의 치안환경에 맞는 자치경찰사무를 개발·설계하려는 노력이 부족했다는 점이 아쉽다.

앞으로 주민의 안전을 위해 자치경찰사무에 어떤 내용을 담아 시·도 조례로 제정할 것인지, 관심 있게 지켜볼 일이다. 중요한 것은 언제나 주민을 바라보며, 주민의 눈높이에 맞는 자치분권을 실현하는 것이다.

중도일보 칼럼 「프리즘」(19면, 2021.02.10.)

74 창간 74주년 중도일보

제4부

지방시대와 국민이 바라는 경찰

담마기금(擔麻棄金), 취합과 버림의 지혜

두 벗이 집을 떠나 돈을 벌기 위해 길을 나섰다. 가던 중 우연히 삼(麻)을 얻게 되어 한 짐 가득 지고 가게 되었다. 그러다 길에서 주인 없는 은(銀)을 보았다. 한 사람은 그 자리에서 짊어지고 가던 삼을 내려놓고, 무거운 은 한 짐을 다시 짊어지고 걸어갔다. 한참을 더 가다 보니, 이번에는 길에 주인 없는 많은 금(金)덩어리가 놓여 있는 것을 보게 되었다. 그러자 은을 짊어진 친구가 여전히 삼을 지고 가는 친구에게 말했다. "주인 없는 금이 이렇게 많으니 너도 이제 삼은 버려라. 나도 은을 내려놓겠다. 둘이 힘을 합쳐 이 금을 지고 집에 돌아가면 큰 도움이 될 것이다." 그러자 삼을 진 친구가 은을 진 친구에게 이렇게 대답했다. "내가 지고 온 이 삼은 단단히 묶여 있을 뿐 아니라, 이렇게 먼 길을 짊어지고 와서 겨우 여기까지 왔는데, 이제 와서 이걸 어떻게 버리겠는가."

금(金)을 짊어진 아들이 집으로 돌아오자, 부모는 크게 기뻐하며 칭찬했다. 하지만 끝까지 삼(麻)만 고집한 아들이 집에 돌아왔을 때, 부모는 그를 크게 꾸짖었다. "죄인이 돌아왔구나. 덕도 없는 자식이 왔구나. 이까짓 삼 따위로는 살림을 꾸려 갈 수도 없고, 부모를 봉양하는 일은 물론 아내와 자식, 노비와 하인들에게 나누어 줄 수도 없으며, 보시를 통해 복을 쌓아 좋은 과보로 하늘나라에 태어나 오래 살 수도 없을 것이다."

'중아함경(中阿含經)' 대정장(大正藏)에 실린 이 '담마기금(擔麻棄金)' 비유는, 새로운 가능성을 열어 가려면 생각을 유연(柔軟)하게 바꾸는 힘이 필요하다는 사실을 일깨운다. 급변하는 인공지능 시대를 살아가는 데 가장 중요한 지혜가 있다면, 지금까지의 생각과 행동 방식, 곧 자신의 습관을 돌아보고 점검하는 일일 것이다. 우리는 대개 익숙한 틀에 안주한 채 새로운 기회를 보지 못하고 지나치곤 한다. 아니, 기회를 알아차려도 변화를 두려워해 외면하기 일쑤다. 이를 넘어 서려면, 스스로의 고정관념과 행동 패턴을 차분히 되짚어 보고, 불필요한 것들을 과감히 내려놓을 수 있는 용기가 필요하다.

이 이야기는 하찮은 것에 대한 집착을 경계하고, 더 소중한 가치를 선택할 줄 아는 지혜를 강조한다. 곧, 불교적 삶이란 무엇인가를 보여주는 일화다. 아무리 많은 시간과 정성을 들여 쌓아 올린 것이라도, 필요하다면 놓아 줄 줄 아는 태도가 중요하다는 뜻이다. 지금까지 '소중하다'고 여겨 지켜 온 것들이, 어쩌면 더 큰 가치를 향해 나아가기 위한 하나의 방편에 불과했던 것은 아닌지 돌아보게 만든다.

히포크라테스는 "누군가를 치료하기 전에, 먼저 그 사람에게 그를 병들게 만든 것들을 내려놓을 수 있는지 물어보라"라고 했다. 몸의 병을 고칠 때, 나쁜 생활 습관을 버리는 일을 가장 앞자리에 두어야 한다는 뜻이다. 음식으로 고칠 수 없는 병은 의사도 고치지 못한다는 말도 남겼다. 아무리 뛰어난 의술이 있어도, 환자가 스스로의 식습관을 바꾸지 못하면 소용이 없다는 점은, 우리의 생각과 마음 습관에도 똑같이 적용된다. 우리는 종종 과거의 선택과 노력을 지나치게 아끼고 붙들어 매달리다가, 빠르게 변하는 시대 속에서 스스로 위기를 부르고, 눈앞에 온 귀한 기회마저 놓치고 있는 것은 아닌지 스스로 돌아볼 필요가 있다.

부처님의 가르침이 시대를 뛰어넘어 오늘날까지도 많은 이들의 마음을 울리는 이유는, 그 가르침의 본뜻을 지키면서도 각 시대의 변화를 성찰하며 끊임없이 새롭게 배우려 했기 때문이다. 담마기금 이야기는, 부처님이 설하신 가르침 또한 세대를 거듭할수록 그 의미에 한 걸음 더 다가가기 위해, 계속해서 바로잡고 고쳐 가며 공부해야 한다는 점을 일깨워 준다. 매 순간 집착과 어리석음을 내려놓으려 애쓰며, 더 큰 가치를 향해 시선을 돌리고, 내 삶을 새롭게 들여다보아야 한다는 뜻이다. 과거에만 머무르지 말고, '지금 이 순간'의 의미를 발견하려는 마음으로, 끊임없이 스스로를 점검하고 의심해 볼 필요가 있다.

삼(麻) 짐처럼, 나를 병들고 어리석게 만드는 집착과 편견을 하루에 하나씩이라도 찾아내어 내려놓을 수 있다면, 그 빈자리는 더 귀한 삶의 보물들로 차곡차곡 채워질 것이다. 어느새 절기는, 제비가 남쪽으로 돌아간다는 한로(寒露)를 훌쩍 지나 있다. 또 한 번 가을을 보내며, 우리 각자가 이렇듯 하루하루 조금씩 새롭게 태어나는 삶을 살아야 하지 않을까 생각해 본다.

법보신문 칼럼 「법보시론」 (18면, 2024.10.11.)

세상을 바꾸는 불교의 힘
법보신문

'사건의 지평선' 너머 지방시대로

가수 윤하가 지난주 대통령이 주재한 '우주경제 개척자와의 대화' 행사에 함께해 눈길을 끌었다. "하루에 네 번 사랑을 말하고 / 여덟 번 웃고 여섯 번의 키스를 해줘"라고 노래하던('비밀번호 486') 그녀가 왜 거기 있었을까. 사실 윤하는 '우주여신', '천문학 가수'라는 별명이 있을 만큼 우주에 진심인 사람이다. 일찍부터 꿈과 도전의 '뉴스페이스' 시대를 노래해 왔다. 신비한 우주를 개척하려는 사람들의 모임에, 상상력을 자극하는 예술이 함께하는 것은 어쩌면 자연스러운 일이다.

'오르트구름', '별의 조각', '하나의 달' 등 우주를 소재로 한 윤하의 곡들이 이어지는 가운데, '사건의 지평선'이라는 제목은 뜻부터 궁금해진다. 사건의 지평선

(Event Horizon)은 블랙홀의 경계선을 가리킨다. 일반상대성이론에서 나온 개념으로, 그 경계 안에서 일어나는 일은 바깥에 전혀 영향을 미칠 수 없는 지점을 말한다. 우리가 지평선 너머를 눈으로 볼 수 없듯이, 사건의 지평선 너머에서는 무엇이 일어나고 있는지조차 알 수 없다. 빛조차 빠져나오지 못해 외부에서 관측되지 않는 블랙홀(Black Hole)이 존재하는 이유도 여기에 있다. 결국 사건의 지평선을 경계로, 그 안과 밖은 서로 아무 영향도 주고받지 못하는 '다른 시공간'이 되는 셈이다.

윤석열 정부는 "지방시대"를 선언했다. 오래전부터 서울은 지방과 시간 · 공간이 분리된 채, 한 줄기 빛을 향해 홀로 질주해 왔다. 그 사이 지방은 사람과 자본, 심지어 가치까지도 서울이라는 블랙홀에 빨려 들어갔다. 지방의 소멸은 곧 국가의 소멸과 맞닿아 있다. 지방시대 선언은 지방정부가 스스로 정책을 주도할 수 있도록 하겠다는 강력한 지방분권 의지의 표현이다. 지방에 살더라도 균등한 기회를 누리는 공동체를 만들어, 안에서부터 텅 비어 조용히 사라져 가는 별처럼 소멸해 가는 지방을 살려내겠다는 뜻이다. 정치 · 경제 · 사회 · 문화 · 권력이 서울이라는 블랙홀 속으로 계속 빨려 들어가는 흐름을 멈추지 못하면, 결국 모두가 함께 무너질 수밖에 없다.

그 해법의 하나로 국가 시스템을 바꾸려 하지만, 결코 쉬운 일이 아니다. 시간과 노력이야 그렇다 치더라도, 몸에 밴 생활방식과 사고방식, 깊이 박힌 관성 앞에서 쉽게 용기를 내기 어렵기 때문이다. 경찰제도만 보더라도, 정부 수립 이후 줄곧 경찰청장을 축으로 전국 14만 경찰을 하나로 움직여 온 국가경찰 시스템은, 단순한 제도를 넘어 국민 의식 속에 '몸의 일부'처럼 자리 잡았다. 자치경찰제가 시행된 지 21개월을 맞는 지금도, 이 구조를 실제로 바꾸는 일은 한 발짝 떼기가 쉽지 않다는 사실을 절감하게 된다.

수도권과 지방 사이에는 블랙홀의 경계인 '사건의 지평선'이 분명 존재한다. 같은 대한민국에 살고 있지만, 시간과 공간의 감각은 점점 더 서로 다른 세계처럼 느껴진다. 지방에 사는 부모들은 정작 자녀만큼은 서울로 보내고 싶어 한다. 공기 오염이 어떻고, 교통난이 심각하다고들 하지만, 여러 불편을 감수하고도 서울이 주는 편익을 선택하는 현실에서, 많은 사람들의 생각과 행동은 결국 '기-승-전-서울'로 이어진다. 언론은 지평선 너머, 서울에서 벌어지는 일을 실시간으로 중계해 준다. 동네 소식보다 올림픽대로 정체 상황이 더 중요하게 다가오는 아이러니도 벌어진다. 서울로 향하는 '삼투압'의 방향을 바꾸기에는, 농도의 차이가 너무 크다는 사실을 실감하게 된다.

우주산업은 통신·기상예보·재난관리 등 여러 영역에서 인류의 삶을 한 단계 끌어올릴 것이다. 우주산업이 미래 우주경제의 무한한 가치와 가능성을 보여 주듯, 건국 이래 이어져 온 지방자치와 자치경찰제 논의도 '지방정부로의 분권'이라는 본질 위에서 더 넓고 깊게 확장할 필요가 있다. 내실 있는 자치경찰을 제대로 세워 진정한 지방시대를 열어 간다면, 주민이 중심이 되는 지방자치와 국가균형발전 역시 그만큼 더 넓은 가능성을 품게 될 것이다.

'사건의 지평선' 가사처럼 "여긴 서로의 끝이 아닌 / 새로운 길모퉁이 / 익숙함에 진심을 속이지 말자"는 말은 우리에게 꼭 필요한 다짐이다. 그래서 우리는 이제 '사건의 지평선'을 넘어야 한다. 정책 결정자들은 지방시대라는 국가 운영의 의미를 정면으로 마주해야 한다. 기존 제도에 대한 익숙함의 농도가 워낙 짙어, 현재의 삼투 방향을 바꾸고 서울과 지방, 두 공간이 균형을 이루게 만드는 일은 결코 만만치 않다. 그렇더라도 서울만이 세상의 중심이 아니라, 지방 역시 동등한 중심이 되어야 한다. 새로운 길모퉁이에서 스스로의 진심을 속이지 않을 때에만, 굳어진 조직논리와 관성을 넘어설 수 있을 것이다.

중도일보 칼럼 「프리즘」(19면, 2023.3.1.)

창간 74주년 74 중도일보

토끼와 거북이의 경주에 다시 열광하려면

'토끼와 거북이' 이야기는 근면과 성실이 잔꾀나 게으름을 이긴다는 교훈을 전해 준다. 우리는 늘 묵묵히 최선을 다한 거북이가 자만에 빠진 토끼를 제치고 승자가 되었을 때, 마음속으로 함께 환호했다. 그런데 미국에서는 잠든 토끼를 보고도 그냥 지나친 거북이가 결코 공정하지 못했다고 보고, 인도에서도 토끼를 깨우지 않고 지나친 거북이의 인정 없는 행동을 비난한다고 한다.

승부욕이 강한 우리 사회에서는 자녀를 통해 벌이는 대리전, 설욕전이 곳곳에서 펼쳐진다. 아이의 기(氣)를 살릴 수만 있다면, 부모는 체면이 조금 구겨지는 것쯤은 기꺼이 감수하려 한다. 문제는 아이가 토끼처럼 언덕을 잘 오르는 유형인지, 거북이처럼 물에서 더 잘 헤엄치는 유형인지 가리지도 않은 채, 일단 경쟁과 승부

앞에서는 무조건 이기려만 드는 맹목성이다.

만약 스포츠맨십에 어긋난 행동을 한 토끼, 그리고 잠든 토끼를 깨우지 않은 거북이의 태도를 문제 삼아 재경기를 치르자고 한다면 어떻게 될까. 토끼는 이번만큼은 낮잠 같은 것은 절대 자지 않겠다고 이를 악물 것이다. 그 경우 토끼는 단숨에 결승선에 도달해 승자가 될 가능성이 크다. 그런데 거북이가 이번에는 강에서 경주를 하자고 역제안을 한다면 상황은 정반대로 뒤집힌다. 토끼는 강을 건너지 못할 것이고, 물에 강한 거북이가 승리하게 될 것이다.

애초에 토끼와 거북이는 '언덕 오르기' 경기로 승부를 겨룰 일이 아니었다. 거북이가 토끼보다 먼저 언덕에 도착해야 하는 게임은, 처음부터 공정하지 못한 경기였다. 반대로 강을 헤엄쳐 건너는 경주였다면, 토끼가 패배를 피할 수 없었을 것이다. 누구에게나 자신이 가장 잘할 수 있는 경기가 따로 있기 마련이다. 승패에 유난히 민감하고 쉽게 결과를 받아들이려 하지 않는 우리 사회는, 늘 같은 운동장, 같은 기준만을 고집하며 언제나 한 번뿐인 결승전만 치러 온 탓도 있다. 패자부활전조차 없이 말이다.

능력주의(Meritocracy)를 바라보는 관점이 다양해진 오늘날, 승패의 기준을 개인의 능력만이 아니라 사회적 가치와 공헌에도 두어야 한다는 논의는 매우 중요하다.

고대 아테네의 올림픽처럼, 결과보다는 경기에 참여하는 과정이 우리 공동체를 더 건강하게 만들고, 이웃을 신뢰하고 협력하게 하는 '사회적 자본'을 얼마나 키우는지에 더 관심을 기울여야 한다. 우화 속 이야기처럼, 경기 중에 잠을 자거나, 잠든 상대를 못 본 척하고 승부에만 집착한 참가자라면, 둘 다 진정한 의미의 패자다.

지금까지 심판의 공정성, 승패의 결과만을 문제 삼았다면, 이제는 그 기준이 되는 '규칙' 자체가 과연 지금도 정의로운지 물어야 한다. 오랫동안 우리 사회는 암기력 중심의 한 가지 기준으로 승부를 가려 왔다. 이제는 승부를 가르는 방식과 경기 종류를 다양하게 나누어야 한다. 우리 사회 곳곳에서 나오는 성공 스토리가 부러움과 존경의 대상이 되려면, 승부 과정이 공정해야 할 뿐 아니라, 결과적으로 승자와 패자 모두가 경기 이전보다 나은 삶을 누릴 수 있어야 한다. 선한 경쟁은 참여자 모두의 부가가치를 키워 주기 때문이다.

이제는 모두가 승자가 되어야 하는 시대다. 아름다운 인생에서 '루저'라는 낙인은 더 이상 있어서는 안 된다. 서로가 이기는(Win-Win) 게임이 가능하다면, 승부는 결과와 상관없이 모두에게 기쁨과 새로운 희망을 줄 수 있다. 우화 속 토끼처럼, 상대의 실수를 기다리며 언젠가 잠들기를 바라는 태도는 현실에서는 어리석은 기대에 불과하다. 그렇다고 성실과 근면만으로 모두가 '닌자 거북이'처럼 특별한 존재가 될 수 있는 것도 아니다. 우리가 더 이상 거북이의 승리담 하나에만 열광할 수 없는 이유다.

애초부터 토끼와 거북이에게 그런 식의 경주란 있을 수 없었다. 잠을 자 버린 토끼도, 그런 토끼를 모른 척 하며 승부에만 매달린 거북이도 결국 패배한 셈이다. 경기가 끝난 뒤, 두 동물은 서로를 비난하며 탓했을 것이다. 그 뒤로 그 언덕에서 둘의 멋진 경주가 다시 열리는 일은 없었을 것이다. 가장 중요한 것은, 우리 모두가 아름다운 경주를 통해 '함께 사는 법'을 배우고 익히는 일이다.

성공의 사다리가 상당 부분 치워진 현실 앞에서, 이른바 MZ세대가 느끼는 좌절감은 출발선에 선 거북이의 심정과 닮아 있다. 이들은 종종, 선수의 능력보다 운동장의 조건이 승패를 좌우한다고 느낀다. 하지만 인생이라는 긴 경주에는 산길도 있지만 강을 건너야 할 때도 있다. 강을 만나면, 토끼는 거북이의 등에 올라타야만 건널 수 있다. 서로의 장점을 살려 상대를 돕는 지혜로운 토끼와 거북이, 그런 이들의 멋진 '리턴 매치'를 우리 사회 곳곳에서 보고 싶다.

중도일보 칼럼「프리즘」(19면, 2023.1.17.)

'9월 4일'을 기억하는 파리 지하철역

가히 제왕적(帝王的)이라는 표현이 어울렸다. 광화문 광장을 걷다가 문득 경복궁의 주산인 북악산을 올려다보면, 청와대는 다른 감청(紺靑) 지붕 건물들과 달리 대리석 위에 푸른 기와를 얹었을 뿐, 겉모습만 보면 궁궐의 다른 전각(殿閣)과 비슷해 보인다. 그래서인지 광화문 광장에서 광화문을 지나 안으로 들어서면, 곧장 청와대로 발길이 이어질 것만 같은 인상을 준다. 식민지배의 정당성을 빛바랜 왕조의 권위에 기대려 했던 일제 총독과, 그 뒤를 이은 미군정 사령관의 관저가 있던 자리여서였을까. 광장의 함성과 열기가 청와대까지 온전히 전해지기에는, 그 거리가 조금 멀게 느껴진다.

광화문은 일본이 조선을 강제로 병합한 뒤, 1926년

경복궁 근정전 바로 앞에 조선총독부 청사를 짓기 위해 해체해 경복궁 동쪽으로 옮겨 세웠다가, 6·25전쟁 때 폭격으로 소실되는 아픔을 겪었다. 지금 우리가 보는 광화문은 2010년 8월 15일에야 제 모습을 갖추었다. 이때 '광화문' 현판도 박정희 전 대통령의 한글 현판에서, 1865년 고종 때 중건 당시의 한자 현판으로 되돌렸다. 문화재 복원이자, 동시에 제왕적 대통령의 흔적을 지우려는 시도의 하나로 볼 수 있다.

문민정부가 들어선 이후, 제왕적 대통령의 그림자를 걷어내려는 시도는 여러 차례 있었다. 그러나 헌법 개정 등 법·제도 개혁에만 지나치게 매달린 나머지, 정치적 이해득실에 발목이 잡혀 번번이 좌절되곤 했다. 그래서 이제는 당장이라도 실천 가능한, 보다 근원적인 변화부터 시작해 보는 것이 어떨까 하는 생각이 든다. 광화문 광장 일대는 600여 년 조선왕조의 공간이자, 봉건 군주제를 넘어 자주독립과 민주공화국의 가치를 외친 3·1운동의 무대이기도 했다. 불의에 맞선 4·19혁명과 6월 항쟁, 그리고 촛불혁명까지, 광화문 광장은 한국 민주주의의 굵직한 순간들을 생생하게 증언하고 있다.

서양사에서 절대왕정을 상징하는 나라는 단연 프랑스다. 루이 14세 시대의 절정기를 지나, 나폴레옹은 한때 미완의 혁명으로 흔들리던 프랑스를 구한 영웅이었지만, 스스로 황제의 자리에 오르며 피 흘려 싸운 시민과 혁명 정신을 배신했다. 군주제와 왕정 부활에 깊은 상처를 입은 프랑스 시민들은 100년에 가까운 긴 투쟁 끝에 나폴레옹 3세를 몰아내고 제3공화국을 세웠다. 1870년 9월 4일의 일이다.

20세기에 들어서 파리에는 '카트르 셉탕브르(Quatre-Septembre, 9월 4일)'라는 이름의 지하철역이 생겼다. 프랑스 마지막 세습 군주인 나폴레옹 3세를 퇴위시키고 공화정을 쟁취한 그날을 기념하기 위해서다. 이 덕분에 파리 시민들은 민주공화국을 일군 자부심을 일상 속에서 숨 쉬듯 되새긴다. 파리 지하철 노선도에서 '레퓌블리크(République, 공화국)'라는 역 이름을 발견하는 것도 어렵지 않다. 이런 이름을 통해, 파리 시민들은 민주주의와 공화의 정신을 제대로 계승하며 살고 있는지 스스로에게 끊임없이 묻고 있는 셈이다.

대한민국의 민주화는 서구 선진국조차 놀랄 만한 성취로 평가된다. 홍콩과 미얀마 등 동아시아·동남아 여러 나라에서, 한국은 민주화 운동의 선례이자 모델로 거론된다. 그래서인지 서울을 찾는 외국인들에게는 조선왕조의 유산 못지않게 광화문 광장도 꼭 들러봐야 할 명소가 되었다. 수도권은 세계적으로 손꼽히는 촘촘한 전철망을 갖추고 있지만, 200개가 넘는 지하철역 이름 가운데 상당수는 행정동과 관공서 중심의 교통 정보 제공 역할에만 머물러 있다.

충무공 이순신 동상이 지키던 광화문 광장에 세종대왕 동상까지 더해졌지만, 꼭 왕조의 위인들만 앞세워야 할 이유는 없다. 오늘날 대한민국에서 실질적으로 국민주권 시대를 열어젖힌 '자유 시민'을 기리는 공간은 의외로 많지 않다. 광화문 일대의 일부 지하철역 이름을 '광화문 광장'이나 '민주공화국'으로 바꾸어 보는 상상을 해 본다. 광주에는 '5월 18일'역을, 대구와 대전에는 각각 '2월 28일'역과 '3월 8일'역을 두는 것은 어떨까.

그렇게 된다면, 광장의 함성과 민주공화국을 향한 시민의 의지가 언제나 살아 숨 쉬며, 이곳이 대한민국 민주화의 성지(聖地)라는 사실을 마치 공기처럼 매 순간 느끼고 호흡할 수 있을 것이다. 아침마다 어제를 되돌아보고 오늘의 다짐을 새롭게 다지는 모닝커피처럼, 우리 곁에 늘 두고 곱씹을 수 있는 이름이 되었으면 한다.

중도일보 칼럼 「프리즘」(19면, 2022.2.16.)

분노 사회와 범죄자들

지난주 우리 사회는 출소를 앞두고 다시 구속된 '아동 성범죄자' 사건으로 들썩였다. 미성년자만 골라 11명을 성폭행한 전과자가 15년의 복역을 마치고 나오게 된다는 소식에, 국민의 분노와 불안은 "아동을 표적으로 삼은 비열한 범죄는 결코 용서할 수 없다"는 강한 의지로 드러났다.

2년 전 초등학생을 납치·성폭행한 조두순이 12년 형기를 마치고 출소했을 때, 피해자 가족이 결국 이사를 떠나야 했던 일을 떠올린 탓인지, 시민들의 반응은 훨씬 더 단호했고 정치권도 어느 때보다 빠르게 움직였다. 갱생시설로 들어가는 도로를 막자는 주장까지 나왔다. 검찰이 여죄를 찾아내 출소를 막으면서 급한 불은 껐지만, 문제가 사라진 것은 아니다. 이른바 '수원 발발이'로 불린 또 다른 연쇄 성폭행범 역시 다음 달 초 15년 만기 출소를 앞두고 있기 때문이다.

이처럼 극단적인 혐오와 분노의 밑바탕에는 깊은 불안과 두려움이 깔려 있다. 더구나 이미 해당 지역에 법무부 갱생시설이 설치되어 있다는 점을 감안하면, 지역 정치 지도자와 공무원들은 "어떤 전과자가 오더라도 공권력으로 시민 안전을 책임지겠다"는 약속부터 분명히 했어야 한다. 교정 프로그램의 내용과 효과, 약물치료나 전자감시를 포함한 보호관찰 제도의 안전성을 주민에게 적극적으로 알리고 설명했어야 한다.

국민들의 이번 분노를, 15년 동안 세금으로 운영해 온 국가의 교화·개선 프로그램을 상당수가 신뢰하지 못한다는 신호로 받아들이게 되니 우려가 앞선다. 그 순간의 분노를 달래기 위해 땜질식 처방만 내놓고, 문제의 본질을 외면한다면, 결국 국가 형벌권의 정당성 자체가 흔들릴 수 있다. 교도행정을 책임지는 법무부가 15년 동안 어떤 교정·교화 노력을 해 왔고, 어떤 성과가 있었는지 시민에게 자세히 설명하고 이해를 구하는 일을 주저하는 사이, 우리 사회는 법원이 선고한 형량을 모두 마치고 나온 사람들에게 화해를 거부하고, 낙인을 찍고, 갱생의 가능성 자체를 원천 차단하는 '분노 사회'로 치닫고 있다.

재범률이란, 금고 이상 형을 선고받아 복역을 마친 사람이 출소 후 3년 이내에 다시 금고 이상의 형을 받고 교정시설로 돌아오는 비율을 말한다. 법무부가 펴낸 '법무연감'을 보면, 우리나라 재범률은 최근 5년 평균 25% 정도다. 미국 캘리포니아주의 재범률이 약 60%에 이르는 것과 비교하면, 법무부 교정본부가 운영하는 각종 교정 프로그램이 출소자의 재사회화에 어느 정도 효과를 거두고 있다고 볼 수 있다. 특히 출소 후 2년 차, 3년 차에 비해 1년 이내 재범률이 같은 기간 평균 7%대에 머문다는 점을 고려하면, 초기 교정·관리의 효과는 비교적 양호하다고 평가할 수 있다.

그럼에도, 사회와 완전히 단절된 교정시설 안에서 '재사회화'를 추구하는 방식에는 근본적인 모순이 있다. 마치 수영장 밖에서 수영을 배우라는 것과도 같다. 이렇게 현실과 동떨어진 공간에서 다시 사회로 나갈 준비를 하는 구조의 한계를 이제 직시해야 한다. 사형이나 가석방 없는 종신형이 아닌 이상, 대부분의 범죄자는 언젠가 우리 일상으로 돌아올 수밖에 없다. 무조건 가둬 두어 그 기간만이라도 사회를 안전하게 만들겠다는 발상은 이미 그 한계를 드러냈다.

조두순은 출소 당시 온 나라를 뒤흔들었던 불안과 달리, 지금까지는 큰 논란의 대상으로 다시 떠오르지 않고 있다. 경찰과 지방자치단체, 그리고 주민들이 함께 긴장감을 유지하며 관리해 온 결과로 볼 수 있다. 이런 사례처럼, 출소 자체를 막는 데만 몰두할 것이 아니라, 전자감시 · 약물치료 · 교육프로그램 이수 · 전담감시 인력 배치 등 출소 후 보호 · 복지 프로그램이 꾸준히, 제대로 작동하도록 사회가 힘을 모아야 한다.

교화와 개선은 교도소 안에서만 이뤄지지 않는다. 형기를 마치고 사회로 돌아온 사람에게, 다시는 범죄로 돌아가지 않도록 살피고 회복과 재기의 기회를 주는 일, 바로 그것이 재사회화의 핵심이다. 범죄는 개인의 성향과 사회적 환경이 함께 만들어 낸 결과다. 그렇다면 지난 15년 동안 우리 사회는 얼마나 더 성숙해졌는지도 함께 돌아봐야 한다. 수형자가 "다시 돌아가고 싶다"고 목표로 삼을 만한 공동체로서, 우리 사회가 과연 충분한 자신감을 회복했는지, 그 질문은 여전히 우리 앞에 남아 있다.

중도일보 칼럼 「프리즘」(19면, 2022.10.26.)

극단적 선택의 나라,
죽음으로 내모는 사회

에밀 뒤르켐(Emile Durkheim)은 저서 『자살론(Le Suicide)』에서 자살의 원인이 개인 내면이 아니라 사회 자체에 있다는 점을 밝혀낸 인물이다. 그는 자살을 '사회가 사람들을 자살로 내모는 현상'으로 처음 분석했고, 이런 시각은 이후 범죄학의 중요한 토대가 되었다. 특히 자살률이 한 사회의 전체 사망률보다 훨씬 일정하고 안정적인 비율로 나타난다는 점을 보여 주며, 자살을 사회 해체, 곧 아노미(anomie) 상태에 빠진 사회의 한 징후로 보았다. 120여 년 전의 이 분석은 오늘날 한국 사회를 돌아볼 때도 여전히 의미가 있다.

우리는 흔히 자살을 '스스로 내린 선택'이라고 말하지만, 그런 선택지 자체를 강요한 것은 우리 사회가 아니었는지 되묻게 된다. 언론은 자살을 '극단적 선택'이라 부르지만, 과연 죽음을 어떻게 온전한 의미의 '선택'이라고 할 수 있을까. 극단적인 상황으로 몰려 더는 버틸 수 없게 된 생명이 결국 그 상황을 받아들였을 뿐이라면, 그것은 사실상 강요된 결과이지, 자유로운 선택이라고 보기 어렵다.

OECD가 발간한 '보건통계 2021'을 보면, 우리나라의 인구 10만 명당 자살률은 23.6명으로, 2020년 한 해 동안 1만3천여 명이 스스로 생을 마감했다. 하루 평균 36명꼴이다. 2011년 이후 전체 자살률은 다소 줄어드는 추세지만, 여전히 OECD 평균(10만 명당 11.0명)의 두 배를 넘는다. 독일(9.6명), 프랑스(12.3명), 미국(14.5명), 일본(14.7명)과 비교해도 부끄러운 수치다.

반대로 자랑할 만한 통계도 있다. 영아사망률은 출생아 1,000명당 2.7명으로, OECD 평균(4.2명)보다 1.5명이나 낮다. 이는 우리가 태어나는 순간부터는 비교적 안전하게 보호받지만, 성인으로 자라나는 과정에서는 오히려 '죽음으로 내몰리는 사회'에 살고 있음을 시사한다. 국민 1인당 연간 외래 진료 횟수도 17회가 넘는다. OECD 평균(6.8회)의 2.5배 수준이다. 한편에서는 어떻게든 살아 보려는 욕망이 넘치는데, 다른 한편에서는 삶을 포기하게 만드는 힘이 그만큼 강하게 작동하고 있는 셈이다.

그런데도 정부의 자살 예방 정책은 패러다임 전환이라 부를 만한 성찰 없이, 익숙한 방식이 관성처럼 반복되는 느낌을 준다. 통계상 교통사고 사망자는 인구 10만 명당 7~8명, 추락사고 사망자는 5명 안팎인 데 비해, 자살 사망자는 20명 중반대를 웃돈다. 그럼에도 국가와 지방정부의 주요 관심은 교통사고 줄이기나 산업·추락 사고 예방에 상대적으로 더 쏠려 있다. 2023년 국가 예산의 행정 분야 재원 배분 방향만 보더라도, 사회적 약자를 대상으로 한 범죄 예방, 범죄피해자 지원, 기후변화로 인한 재난 대응에 비해 자살 예방은 여전히 주변부에 머물러 있다.

자살은 우리 사회에서 10대·20대·30대의 사망 원인 1위다. 특히 20대의 경우, 전체 사망 원인의 절반 가까이가 자살이다. 부모 세대가 비교적 수월하게 이뤘던 취업과 결혼은, 오늘의 청년에게는 가장 어려운 관문이 되었다. 2011년 자살예방법이 제정되었지만, 20대 자살률은 좀처럼 내려가지 않고 있다. 해마다 1천 명이 넘는 젊은 생명이 가족과 친구 곁을 떠나고 있다. 지난해 저출산 극복 예산이 50조 원을 넘었듯이, 새 생명을 반갑게 맞이하는 데 쏟는 관심 못지않게, 이미 태어난 이들이 죽음으로 밀려나지 않도록 지키는 일에도 국가 차원의 과감한 예방 정책이 절실하다.

자살은 결국, 사회에서 공격성과 폭력성을 학습한 개인이 그 방향을 타인이 아닌 자기 자신에게 돌린 결과라고도 할 수 있다. 우리 역시 날마다 공격적인 분위기에 휩쓸려, 반(反)생명의 정서를 당연한 듯 소비하고, 매사에 주먹을 불끈 쥐고 "파이팅"만 외치고 있지는 않은지 돌아볼 필요가 있다. 가치관이 혼란해지고 기준이 사라진 아노미 사회는 자살이라는 '바이러스'가 번식하기 좋은 환경이다. 지금부터라도 아침저녁 마주치는 이웃과 동료, 특히 청년과 대학생들에게 따뜻한 눈인사 한 번, 안부 한마디 더 건네 보는 것부터 시작하면 어떨까.

우리 사회의 생명 존중 문화는, 국가와 시민 모두의 품격과 직결된 문제다. 여기에는 자살만이 아니라 낙태·안락사·연명치료 등 생명을 둘러싼 폭넓은 논의가 함께 담겨야 한다. 개인의 자살은 그 사회가 안고 있는 병폐를 그대로 비추는 거울이다. 그래서 자살은 반드시 사회 구조와 문화 차원에서 접근해야 한다. 자살은 결코 '개인의 문제'로만 돌릴 수 없다. 경쟁에만 매달리다 가족과 공동체까지 해체되어 가는 사회에서는, 자살을 멈추게 할 힘도, 그럴 여유도 점점 사라진다.

중도일보 칼럼 「프리즘」 (19면, 2023.7.5.)

김혜수의 소년심판과
양희은의 작은 연못

소년범을 다룬 한 편의 드라마를 두고, 우리 사회는 한동안 뜨거운 논쟁을 벌였다. 형벌 규정 앞에서는 누구나 평등해야 하는데, 나이가 어리다는 이유만으로 형사처벌 대신 소년법에 따른 보호처분 등 특별한 대우를 받는 것이 과연 공정한가 하는 문제였다.

OTT 드라마 '소년심판'에서 주인공 심은석 판사(김혜수 분)는 자신은 소년범을 혐오한다고 말한다. 날로 흉포해지고 대담해지는 소년범을 두고, 소년법을 폐지하고 촉법소년 연령을 낮춰 강하게 대응해야 한다는 주장과 맞닿아 있는 대사다. 하지만 청소년 인구 감소로 전체 소년 사건 수가 줄어드는 와중에도, 소년범 재범률은 여전히 높은 수준을 보인다는 점을 함께 봐야 한다. 처벌만능주의는 결국 직업범죄자를 더 많이 만들어 내고, 범죄의 악순환을 부추길 위험이 크다.

물론 소년법이 제정된 1958년과 오늘의 현실은 많이 다르다. 청소년의 체격과 지적 수준, 인터넷과 디지털 환경 속에서 나타나는 비행 양상은 성인 범죄와 크게 다르지 않다는 지적도 일리가 있다. 그럼에도 범죄의 상당 부분이 개인의 타고난 소질보다는, 그를 둘러싼 범죄 친화적 사회·문화 환경과 깊이 연관되어 있다는 점, 그리고 국가의 개입은 어디까지나 소년의 건전한 성장을 돕는 방향이어야 한다는 원칙까지 바꿀 수는 없다. 이런 관점은 제20대 대통령직인수위원회의 110대 국정 과제에도 일부 반영되었다. 특히 학교 밖 청소년 등 학업을 중단한 청소년에 대해, 위기 유형별로 맞춤형 지원책을 마련하겠다는 방향은 단순한 엄벌주의보다 훨씬 핵심을 잘 짚은 접근으로 볼 수 있다.

경찰청이 매년 펴내는 「통계연보」를 보면 소년범의 실태를 어느 정도 가늠할 수 있다. 2020년 기준 전체 범죄자 168만여 명 중 소년범은 약 6만4천 명 수준이다. 2005년 8만3천여 명에서 5년 단위로 볼 때, 전체 범죄자 수와 함께 소년범 수도 점차 줄어드는 추세다. 특히 14세 미만 촉법소년의 경우, 2008년 5,500여 명을 정점으로 2010년 600여 명, 2015년 100여 명, 2020년에는 수십 명 수준으로 크게 감소했다.

더 눈여겨볼 대목은, 이들이 왜 범죄를 저지르게 되었는가 하는 원인이다. 통계에 따르면 약 1만4천 건이 '우연'으로 분류되어 가장 큰 비중을 차지한다. 생활비나 유흥비 마련 등 금전적 이득을 노린 범죄가 8천여 건인 것과 견줘 보아도 훨씬 많다. 청소년기의 호기심과 충동성이, 우연한 상황과 맞물려 범죄로 이어진 경우가 그만큼 많다는 뜻이다.

스물한 살 무렵 가수 양희은이 노래한 '작은 연못'은, 결국 아무도 혼자서는 살 수 없다는 사실을 잔잔하게 일깨워 준다. 서로 다투다 물 위로 떠오른 한 마리 붕어의 살이 썩기 시작하면서, 마침내 연못의 물까지 썩어 아무것도 살 수 없게 된다는 이야기다. 살면서 실수는 누구나 한다. 미성숙한 소년기의 무지와 객기를, 국가가 엄정한 법의 잣대 하나로만 재단해 가혹하게 다루는 일은 어쩌면 무모하다. 국가가 일찍이 '낙인'을 찍어 버린 이들은, 성인이 되어 더 단단한 범죄자가 되어 돌아올 수 있다. 드라마 속 인물보다 더 차갑고 완강한 마음으로, 우리 사회에 더 큰 희생을 요구할지도 모른다.

아이는 어른이 '만드는' 존재가 아니다. 스스로 자라난다. 다만 그 과정에서 타고난 기질과 주변 환경이 씨줄과 날줄처럼 엮여 하나의 인생을 이룰 뿐이다. 아직 경험과 판단이 충분히 자라지 못한 소년의 행동을 두고, 우리 사회가 정말 '매를 들 수 있을 만큼' 그들의 성장 환경을 잘 가꾸고 지켜 왔는지 되돌아볼 필요가 있다.

드라마 대사처럼, 소년 범죄는 어느 날 갑자기 '저지르는 것'이 아니라, 가정에서, 학교에서, 사회에서 서서히 '물드는 것'일지 모른다. 대학에서 학생들을 만나며 새삼 느끼는 것은, 교육이란 소리 없이 씨를 뿌리는 일이라는 점이다. 어린 싹과 묘목에 바람을 가려 주고, 햇살과 물, 거름을 보태 주듯, 소년들이 온전한 사회 구성원으로 자라나기까지 기다림과 손해 감수를 마다하지 말아야 한다. 소년은 결코 혼자 자라지 않는다. 아이는 부모의 소유물이 아니라는 깨달음을 시작으로, 마을과 사회가 함께 나서고, 국가는 그 성장 환경을 적극적으로 만들어 가야 한다.

중도일보 칼럼 「프리즘」(19면, 2022.5.11.)

74 창간 74주년 중도일보

교제폭력 해법, 우리 일상의 권력구조를 돌아보자

최근 잇따라 보도되는 교제폭력 관련 뉴스는 문제의 심각성을 분명히 보여 주고 있다. 경찰청 통계에 따르면 교제폭력 사건은 2018년 1만203건에서 2023년 1만3,939건으로, 40% 가까이 급증했다.

언론 보도에 따르면 2024년 한 해에만 친밀한 관계에서 살해된 여성 피해자가 최소 181명에 이르고, 살해 시도에서 가까스로 살아남은 여성도 374명에 달한다. 여기에 살해 위협까지 경험한 피해자까지 포함하면 피해자는 최소 650명 수준으로 추정된다. 범죄시계로 따지면 평균 13시간 남짓마다 한 명이 죽거나 심각한 폭력에 시달리고 있는 셈이다. 이는 확인된 최소치일 뿐, 신고되지 않은 사건들까지 고려하면 실제 피해자는 훨씬 많을 것이다.

그럼에도 우리 사회의 관심은 여전히 신체적 폭력 같은 눈에 보이는 피해에만 쏠려 있다. 이로 인해, 가해자와 피해자 사이에 반복적으로 이어지는 지배·학대의 전략적 패턴을 파악하고, 국가 차원에서 초기에 개입하기가 쉽지 않은 구조가 되었다. 반면 영국·호주·캐나다 등은 교제폭력을 '강압적 통제(Coercive Control)'로 규정한다. 친밀한 관계에서 한 사람이 상대방의 일상을 통제하고 자율성을 빼앗는 행위를 범죄로 보고, 국가가 비교적 이른 단계부터 적극적으로 개입할 수 있도록 제도적 길을 열어 둔 것이다.

교제폭력의 본질은 지배와 통제 욕구

그동안 교제폭력은 대체로 당사자들만의 문제, 국가가 개입을 자제해야 할 사적 영역으로 치부되곤 했다. 하지만 최근 들어 심각한 사회 문제로 떠오르면서, 공공의 안전을 위협하는 범죄로 인식하는 시각이 확산되고 있다. 교제폭력은 단순한 남녀 간 갈등을 넘어, 구조적·사회문화적 요인이 복합적으로 작용하는 '헤게모니의 문제'라고도 할 수 있다.

아직도 '남성=가해자, 여성=피해자'라는 이분법적 고정관념에 머물러 있다면 시각을 바꿀 필요가 있다.

경찰청 통계를 보면, 2022년 전체 교제폭력 피해자 중 남성 비율은 18.2%였고, 2023년에는 19.4%, 2024년에는 21.5%까지 늘었다. 범죄 양상이 점점 더 다양해지고 있는 것이다.

교제폭력의 핵심에는 상대를 소유하고 통제하려는 심리가 자리 잡고 있다. 불안정한 가부장제 의식과 관계에 대한 불안, 열등감 등이 주요 동기로 작용하고, 가해자의 집착과 통제 행위는 대개 신체적 폭력의 전조가 된다. 예방과 대응을 위해서는 이런 위험 신호를 가능한 한 일찍 알아차려야 한다. 동시에 집착과 통제를 '사랑의 표현'이나 '연인의 관심' 정도로 미화하지 않도록, 사회 전체의 인식 전환과 교육이 필요하다.

미디어는 종종 남성 우월적 이미지를 강화하거나, 한쪽이 일방적으로 상대를 지배하는 관계를 로맨틱하거나 운명적인 것으로 포장하곤 한다. 그러나 이런 서사는 분명한 폭력과 인권 침해를 흐리게 만들 뿐이다. 이제는 그런 장면과 메시지를 분명하게 '범죄적 정상화'로 인식하고 경계해야 한다.

인간은 누구나 어느 정도의 '고정관념'을 통해 복잡한 세상을 단순화하며 살아간다. 하지만 이런 인지적 지름길은 사회적 편향으로 이어져, 더 큰 문제를 낳기도 한다. 교제폭력을 오로지 젠더 갈등의 산물로만 바라보면, 실제 피해 양상을 제대로 드러내지 못하고, 오히려 편향된 시각이 문제를 악화시키기도 한다.

특히 현장 경찰관의 인식 변화는 무엇보다 중요하다. 현장에서의 판단 하나가 피해자의 생사와 직결되기 때문이다. 최근 수사관을 대상으로 한 연구에서는, 일부 경찰관이 성 역할에 대한 고정관념 때문에 교제폭력의 심각성을 충분히 인식하지 못하는 경우가 있다는 지적도 나왔다. 실제 교제살인으로 이어진 사건들에서, 초기 단계에서의 신속하고 과감한 대응이 부족했던 이유 역시 이런 인식의 한계와 무관하지 않을 것이다.

교제폭력 피해자에게 가장 위험한 순간은 대개 '관계를 떠나려 할 때'다. 이 때문에 교제폭력은 사전 예방이 특히 어려운 범죄에 속한다. 이미 사건이 전면화된 뒤 경찰의 사후 대응만으로는 한계가 분명하다. 사회 전체가 나서서 예방 시스템을 만들고, 공동 책임 의식을 갖는 수밖에 없다. 가족 · 친구 · 동료 등 가까운 주변인도 위험 신호를 감지했을 때, "사적인 일"이라며 물러서기보다 적극적으로 도움을 요청하고 개입하려는 사회적 합의가 필요하다.

또한 10 · 20대의 일상이 자리 잡은 디지털 플랫폼에서도, 특정 집단 특히 여성을 향한 폭력적 언어와 혐

오 표현이 일상화되는 현상에 적극 대응해야 한다. 온라인 공간이 젠더 불평등과 왜곡된 권력관계를 학습하는 온상이 되지 않도록, 교육 · 플랫폼 규제 · 자율 규범 마련 등 다층적인 대책이 요구된다.

사회 전체가 나서 예방 대책 마련하자

결국 교제폭력은 더 이상 '연애의 한 단면'이나 '사적인 갈등'이라는 이름 뒤에 숨을 수 없어야 한다. 이런 관계성 범죄의 증가는, 우리 무의식과 일상 곳곳에 스며든 힘의 불균형을 돌아보고, 피해자의 목소리와 기존 제도의 빈틈을 세밀하게 점검하라는 경고이기도 하다.

우리 사회에서 급증하는 교제폭력은, 오랫동안 '당연하다'고 여겨 온 관계 방식-연인 사이, 부부 사이, 성별 사이의 권력 관계를 처음부터 다시 생각해 보게 만든다. 이제는 "누가 이겼느냐"보다 "서로가 안전하고 존중받는 관계인가"를 기준으로, 우리의 일상과 제도를 새로 짜야 할 때다.

내일신문 칼럼 「신문로」(22면, 2025.8.20.)

내일신문

우리의 진실은 허구에 더 가깝다

아니 에르노(Annie Ernaux)와 보르헤스(Jorge Borges)를 만난 2022년은 우리에게 오래도록 깊고 푸른 날들로 기억될 것이다. 에르노는 1940년에 태어난 프랑스 작가로, 문학 교수로 일했으며 그해 노벨문학상을 수상했다. 그는 우리 사회가 금기시해온 주제들을 허구가 아닌 진정한 '글쓰기'의 힘으로 드러내고 해방시키려 한 작가로 평가받고 있다.

보르헤스는 1899년 아르헨티나에서 태어나 대학에서 영문학을 가르쳤고, 국립도서관장을 지냈다. 우리에게는 소설가이자 시인으로 익숙한 이름이다.

에르노는 자신의 유년기를 소재로 한 자전적 글쓰기에 집중하기 위해 모든 허구를 버렸다. 그녀의 작품은 개인의 기억을 통해 집단의 기억을 되살리는 방식으로 쓰인다. 개인의 체험과 시대의 경험을 교차시키는 이러한 글쓰기는 소설의 형식을 거부하고, 작가 자신을 냉정하고 객관적으로 해부한 결과물이라 할 수 있다. 그래서 그녀의 글을 단순히 '자전적 소설'로 부르긴 어렵다. 오히려 '은유나 비유가 배제된 일기 같은 기록'에 가깝다. 그녀는 자신의 작품이 "역사적 사실이나 문헌과 같은 가치로 남기를 바란다"고도 했다.

에르노는 '체험하지 않은 허구를 쓴 적은 한 번도 없고 앞으로도 그럴 것'이라고 단언한다. 그녀의 말대로 「단순한 열정(1991)」은 철저하게 객관적인 시선을 가지고, '나'라는 작가 개인의 열정을 고백한 이야기가 아닌 인간의 일반적이고도 보편적인 열정을 차분하게 분석한 내면적 글쓰기로 보는 이들이 적지 않다.

그러나 그녀의 글 역시 기억을 바탕으로 쓰였다는 점에서, 결국 '기억의 소설'이라 말할 수 있다. 그래서인지 나는 보르헤스가 한 말 "기억을 거친 모든 것은 허구가 된다"에 깊이 공감하게 된다. 그에게 기억은 산산이 부서질 수 있는 거울과도 같은 존재였다. 아무리 소중한 기억도 세월의 흐름 앞에서는 형태를 유지하기 어렵다.

기록이란 망각을 넘어 서기 위한 인간의 시도지만, 기억에 의존한 기록이 곧 진실이라고 말하긴 어렵다. 보르헤스의 관점에서 본다면, 에르노의 글쓰기도 결국 그녀의 주관적인 기억을 꺼내 쓴 글이다. 그렇다면 그것은 그녀가 말한 '판단이 배제된 기록'이라기보다, 보르헤스의 표현대로 '허구의 재구성'일 수 있다.

기억이란 결국 어떤 사건이나 경험을 마음속에 간직하고 다시 떠올리는 정신의 작용이다. 그렇기에 기억은 언제나 주관적일 수밖에 없고, 그 과정에서 진실은 조금씩 왜곡된다. 요즘 우리 사회에는 '무엇을 기억하고 어떻게 기억할 것인가'에 대한 진지한 논의가 필요하다. 우리는 어느 순간부터 자신의 기억은 절대적으로 진실이라 믿고, 다른 이의 기억은 거짓일 것이라고 단정하는 확증편향에 빠져 있다.

진실한 기억과 허구의 기억이 따로 존재하는 것은 아니다. 모든 기억은 그 방식을 따라 각자의 진실로 저장되지만, 다시 꺼내는 과정에서 필요에 따라 다르게 각색된다. 홍상수 감독의 영화 「오! 수정(2000)」은 이러한 기억의 왜곡을 섬세하게 보여준다. 한 마리 코끼리를 각기 다른 위치에서 보고 기억했음에도, 각자가 자신의 기억만이 진실이라고 믿는다면 그것 자체가 완벽한 허구일 것이다.

우리 또한 '나는 이런 사람이다'라는 자기 이미지에 갇혀 살아가고 있지 않은가. 마치 스스로 쌓은 탑 속에서 조금씩 죽음을 기다리듯 말이다. 이제는 자신의 기억 속에 구축된 '나'라는 허구에서 한 걸음 벗어날 때다.

라틴어 카르페 디엠(Carpe Diem)-'현재를 붙잡아라'-은 우리에게 시간이 오직 지금뿐임을 일깨운다. 새해에는 먼 미래에 대한 과도한 기대를 내려놓고, 오늘 지금 이 순간의 나로 살아가야 하지 않을까. 아니 당장 오늘부터라도 현재의 나로 기억되는 자신과 '헤어질 결심'을 해야 한다. 그리고 나만의 기억 이전의 진실 아래에(Under) 서려는(Stand) 용기를 내야 한다. 이해(Understand)한다는 말의 어원이 '아래에 서는 것(Stand Under)'이라는 사실을 떠올려 보자. 이해하려는 마음을 열 때, 우리는 마침내 삶을 진심으로 마주하고 제대로 살아낼 수 있을 것이다.

중도일보 칼럼「프리즘」(19면, 2022.12.07.)

74 창간 74주년 중도일보

망치 든 국회의원

한국 정치는 양대 정당이 홈 앤 어웨이 방식으로 주고받는, 그들만의 리그가 되어가고 있다. 어렵사리 문을 연 22대 국회 역시 정권 획득을 둘러싸고 연일 날을 세우고 있다. '국민과 민생은 어디 있느냐'고 묻는다면, 어쩌면 아직 우리가 너무 순진한 것일지도 모른다. 여당과 야당을 오가며 평생 이렇게만 살 것 같은 직업 정치인의 등장은 우리 정치를 프로레슬러의 난투극, 그리고 피자를 먹으며 고함을 지르는 열혈 관객들만의 구경거리로 만들어 버린다.

중앙선거관리위원회에 따르면 21대 국회의원 가운데 '국회의원'(115명, 38.3%)과 '정치인'(102명, 34.0%)으로 분류되는 특정 직업집단이 가장 큰 비중을 차지하고 있다. 이들 새로운 직업군이 전체의 72%에 이른다는 사실은, 국회가 더 이상 국민 구성을 비추는 '인구집단의 거울'이 아님을 보여준다. 이제 '국회의원과 정치인'이라는 전문 직업군의 등장으로, 의회의 '국민 대표성'이라는 말은 더 이상 유효하지 않은 것처럼 보인다.

국회입법조사처가 올해 초 내놓은 자료 역시, 21대 국회의원 중 판사 · 검사 · 변호사 등 법조계 출신이 46명(15.3%)으로 다른 전문직 가운데 가장 많다는 점을 보여준다. 미국 연방하원이 약 30%, 독일 연방하원이 22.8%라는 점을 감안하면 절대적으로 높은 수치는 아니지만, 영국 하원이 7.2%, 프랑스 하원이 4.8%, 일본 중의원이 3%인 것과 비교하면 많게는 5배에 이르는 비율이다.

국회에 법조인 출신 의원들이 대거 등장한 것은 법률 논쟁 중심의 국회 운영이 만들어 낸 결과이자, 그 원인이기도 하다. 애초 정당과 유권자는 법조인 출신이 가진 법률 전문성이 의회 본연의 기능인 입법 활동에 도움이 될 것이라 기대했다. 그러나 한국과 미국에서 진행된 여러 연구를 보면, 이들의 입법 활동은 비(非)법조인 출신 의원과 비교했을 때 법안 발의 건수나 가결률 등 전반적인 성과에서 큰 차이를 보이지 않는다는 사실이 드러난다.

대의제의 참뜻에 비춰보면, 의회는 다양한 집단을 대표하는 사람들로 구성되어야 한다. 그러나 현실의 정치는 법률가들을 앞세워 정권을 둘러싼 공성전에만 열을 올리며, 대부분의 정치 문제를 결국 법원 앞마당에 쏟아놓고 사법부의 판단에 기대 고함만 지르고 있는 형국이다. 특정 직업군의 과잉 대표를 막아 국회의 구성을 다양하게 하고, 정치적 사안을 사사건건 사법 문제로 끌고 가는 소송 정치는 어떻게 끝낼 수 있을까.

국회의원은 선출직이니, 지역구에서 유권자의 선택을 받았다면 특정 직업 출신이 많다는 사실도 하나의 결과로 받아들일 수 있다. 하지만 굳어진 지역주의 정치와, 국민의 바람을 충분히 담아내지 못한 채 '전투력과 충성도'에 좌우되는 비례대표제와 공천제를 떠올리면 이야기는 달라진다. 특정 직업 출신 국회의원이 많은 이유는 결국 국민의 선택 이전, 후보를 고르는 단계에서 이미 결정된 문제라는 결론에 이르게 된다.

국회에 입성한 법조인들이 과연 의회가 제 기능을 다하도록 얼마나 기여하고 있을까. 법원에 고소장을 두 손으로 받들고 들어가 접수하는 의원들의 모습은, 무능과 정치의 부재를 스스로 고백하는 한 편의 예능 프로그램처럼 보이기까지 한다. 과연 이들이 사법부의 율사에서 입법부의 의원으로 역할기대가 바뀌었다는 사실을 제대로 인식하고 있는지 의문이다. 오늘도 망치를 쥔 국회의원은 여전히 세상을 온통 못질할 그 무엇으로만 보고 있는 듯하다.

대전일보 칼럼 「법률칼럼」 (18면, 2024.7.11.)

대전일보

대통령 오바마의 한 수

대통령이 집무실로 경찰관을 불러 맥주를 대접하며 사과하는 나라. 2009년 미국의 오바마 대통령 이야기다. 자기 집 문이 열리지 않아서 강제로 열고 들어가려던 흑인 교수 게이츠와 이를 도둑으로 알고 체포했던 백인 경찰관 크롤리 경사, 그리고 이러한 경찰의 공권력 행사를 공개 비판했던 오바마 대통령이 한자리에 모여 맥주를 마시며 앙금을 풀었다. 대통령과 맥주 한 잔을 마시고 싶다는 '간 큰' 제안을 한 사람은 경찰관이었지만, '통 큰' 대통령은 이를 흔쾌히 받아들였다.

최근 이어지는 입틀막 사건으로 인해 윤석열 정부의 대통령 과잉 경호 및 표현의 자유 억압 논쟁이 뜨겁다. 행사장에서 소란을 피운 사람은 야당 국회의원이었고,

카이스트 졸업생은 특정 정당의 당원이기도 했으며, 의료개혁 토론회 입틀막 대상자는 행사의 공식 초청 대상자가 아닌 것으로 파악되지만, 민선 대통령과의 소통 문제나 민주주의의 근간인 표현의 자유 보장이라는 관점에서 보면 안타까움이 앞선다. 표현의 자유도 또 다른 기본권 주체인 다수 국민을 위한 시간과 장소에서는 분명 내재적 한계를 갖는다.

비록 고성이 오가고 난동에 가까운 행위가 벌어지는 돌발 상황에서도 대통령이 여유와 자신감을 갖고 경호원을 제지하거나, 행사 후에 직접 연락해 사태를 정치적으로 유연하게 마무리하는 모습을 기대하는 것은 우리에겐 아직 너무 이른 기대일까. 하지만 10여 년 전인 2013년 오바마 대통령의 연설 도중 벌어진 광경은, 한국 민주주의의 발전과 대통령의 품격을 기대하는 우리 국민에게는 여간 부러운 일이 아니다.

오바마 대통령은 2013년 이민 개혁안 관련 연설 도중, 한 청년이 나서 불법체류 이민자의 국외 추방을 멈추도록 행정명령을 즉각 발동해 달라며 소리치는 '난동'과 맞닥뜨렸다. 오바마의 대응은 놀라웠다. 경호원의 제지 움직임에 대해 괜찮으니 신경 쓰지 말라며, 이 청년들은 그대로 두라고 대통령으로서 명령했다. 그리고 청년의 주장에 화답하며 "그래서 우리가 여기 모인

겁니다(That's why we're here)"라고 말해 돌발 사태를 진정시켰다.

그는 거기서 끝내지 않았다. 미국은 절차를 존중하는 법치국가라는 점에서, 자신이 국가의 법을 어기면서 무엇이든 할 수 있을 것처럼 행동하는 것은 여기서 가장 쉬운 길이지만 결코 옳지 않다고 못 박았다. 자신이 가려는 방식은 더 먼 길(The Harder Path)을 돌아가는 것으로, 그저 소리를 지르는 것처럼 쉽지는 않겠지만 미국의 대통령으로서 민주적 절차(Our Democratic Process)를 따르겠다고 단호히 말했다. 입틀막 사건을 일으킨 당사자들 역시 문제 해결에 더 진지했다면 다른 방식을 택했어야 했다. 그저 법과 규칙, 그리고 예의를 어기며 외치는 것만으로 해결될 문제는 이제 대한민국에는 없을 것이다. 만약 2024년의 대한민국에서도 '유신독재 시대의 외침'을 재현하면 상대방은 저절로 독재자로 각인될 것이라 믿었다면, 국민을 너무 쉽게 본 것이다.

윤석열 정부는 '자유민주주의'를 국정 최고의 가치라고 내세웠다. 정부를 비판하는 목소리를 외면하지 않는 것이 민주주의의 본질이다. 정부·여당은 이번 총선에서 압승만 하면 무엇이든 할 수 있다는 분위기에 휩싸여 있다. 하지만 국민에게는 다수당 독재(多數黨 獨

裁)의 칼이 왼손에서 오른손으로 옮겨가는 것 외에, 대화와 타협의 정치문화와 여전히 거리를 둔다면 국익에 전혀 도움이 되지 않는다.

민생은 뒷전이고 정권 획득을 통해 자신들의 집단적 이익에만 골몰하는 정치권은 국민의 희생을 잊었거나, 혹은 국민이 두려운 줄 잊었거나 둘 중 하나다. 국가원수인 대통령은 특정 정치세력의 전유물이어서는 안 된다. 대통령을 국민의 대통령 자리로 놓아드려야 한다. 대통령 자신도 국민의 대통령으로서 품격을 회복해야 한다.

대전일보 칼럼 「대일논단」(18면, 2024.3.14.)

대전일보

윤석열 정부의 경찰 정책이 나아갈 길

대통령직인수위원회는 일반(순경) 출신 경찰관의 경무관 이상 고위직 승진을 확대하겠다고 밝혔다. 하지만 이러한 단편적인 인사 방침만으로는, 이미 과열된 경찰의 승진 경쟁에 기름을 붓는 결과만 낳을 수 있다. 병목현상이 심한 경찰 조직에는 보다 근본적인 체질 개선이 필요하다.

경찰관서 배치는 건국 이후 줄곧 행정구역의 넓이와 상주 인구를 기준으로 이뤄져 왔다. 앞으로는 도시 팽창과 인구 구조 변화를 반영해 다시 설계해야 한다. 현재의 경찰서와 지구대 사이에 위치한 새로운 형태의 경찰관서를 도입하고, 범죄 분석과 유동 인구를 반영한 치안 수요 중심의 실용적인 조직으로 재편할 필요가 있다. 이러한 변화는 총경 계급에 해당하는 다른 부처 4급 공무원 비율이 약 4%인 데 비해, 경찰의 총경·경정 계급은 약 1.4%에 불과한 현실을 어느 정도 완화해 숨통을 틔우고, 직무 만족도도 높여 줄 것이다.

수사 경찰 인력 보강 역시 시급하다. 법조계 일각에서는 수사권 이양 이후 경찰 내 형사 사건 적체를 지적하지만, 과거 검사가 담당하던 업무까지 포괄하기 위한 경찰 전문 인력 확충 문제는 거의 언급하지 않는다. 종래 수사검사를 대신할 법조인을 영입해 전문 수사 역량을 발휘할 수 있도록, 경찰 수사 조직의 개방과 혁신, 그리고 이에 상응하는 예산 지원이 함께 이뤄져야 한다.

경찰 인력 운용 정책도 획기적인 전환이 필요하다. 시위대 100명을 막기 위해 경찰 1000명을 세워 장벽을 치는 비효율은 이제 개선해야 한다. 경찰 증원이 경비 경찰에 과도하게 쏠려 있는 것도 문제다. 경찰 정책의 우선순위가 정치적 이슈에 따라 흔들리기 때문이다. 지구대와 파출소에서 시민 곁을 지키는 민생 경찰을 제대로 기대하려면, 행정 업무에 묶여 있는 경찰관 숫자를 줄여 예산 낭비부터 막아야 한다.

윤석열 정부의 치안 정책 가운데 가장 눈에 띄는 부분은 사회적 약자인 피해자 보호다. 이를 뒷받침하는 피해자보호기금은 범죄 발생 초기부터 피해자에게 직접 지원되는 방식으로 전환돼야 한다. 범죄 피해자와 가장 먼저 마주하는 경찰이 실질적인 도움을 줄 수 있도록, 이 기금을 편성하고 운영하는 방식을 개선해 직접 지원에 집중할 수 있게 해야 한다.

검찰개혁과 자치경찰제 도입 등 형사사법 체계 변화의 핵심 가치는 민주성과 협업 능력의 제고에 맞춰져야 한다. 경찰 수사는 피의자에게 유리한지 불리한지를 따지지 않고, 중립적인 위치에서 실체적 진실을 밝히는 것이 본질이다. 그래서 경찰 수사의 목적이 '기소'가 되어서는 안 된다. 경찰 수사 결과가 피의자에게 유리한 경우에도 피의자가 이를 증거로 활용할 수 있는 제도를 만들어야 한다. 형사 재판의 승패가 더 중요한 검사는 공소 유지를 위한 최소한의 보완 수사 요청에 그쳐야 한다. 열 명의 범죄자를 놓치더라도 단 한 명의 억울한 피해자도 만들지 않기 위해서다.

서울신문 칼럼 (29면, 2022.5.10)

서울신문

경찰국 출범이 의미를 가지려면

경찰국이 출범했다. 경찰국 설치를 둘러싼 이번 논란의 출발점은, 경찰법상 경찰 통제를 위해 독립기구인 국가경찰위원회가 있음에도 행정안전부에 경찰국을 새로 두려는 데 정치적 의도가 숨어 있는 것 아니냐는 우려였다. 물론 현재 국가경찰위원회가 법이 정한 통제 기능을 제대로 수행하지 못해 실효성이 없다는 비판은 여전히 유효하다. 경찰관을 포함한 모든 직업공무원이 직무 수행에서 독자성을 보장받기 위한 '정치적 중립성'은 헌법에도 규정돼 있다. '경찰의 독립' 주장은 어떤 통제도 받지 않는 무소불위 권력을 달라는 말이 결코 아니다.

윤석열 정부는 청와대와 함께 민정수석실을 없앴다. 망명, 피살, 아들 구속, 자살, 탄핵 등으로 이어져 온 대한민국 대통령제의 비극을 끝내보려는 시도로 볼 수 있다. 행정안전부 장관은 경찰 통제를 위한 인사제청권을 실질적으로 행사하려면 경찰국 설치가 필요하다고 설명했다. 지금까지는 대통령비서실 소속 민정수석이 대통령의 뜻을 담아 경찰 인사를 주도해 왔다. 이미 짜인 인사 판에 장관이 마지막으로 서명만 하는 구조였다. 장관의 제청권이 사실상 형식에 그친 것은 맞지만, 그렇다고 해서 그동안의 청와대 밀실 인사의 책임을 경찰에게만 돌릴 수는 없다.

이상민 장관이 인사제청권을 실질적으로 행사하겠다고 밝힌 대목에 주목해야 한다. 이는 대통령이 행사해 온 인사권을 법에 따라 일정 부분 제한하겠다는 뜻이기 때문이다. 그렇게 된다면 책임 장관제로서, 윤석열 정부가 약속한 제왕적 대통령제 폐지의 첫걸음을 떼는 셈이다. 대통령제를 채택한 국가에서 장관의 인사제청권은, 헌법이 마련한 부서제(副署制)처럼 대통령의 인사 전횡을 견제하고 통제하라는 제도적 의미를 지닌다.

만약 인사제청권마저 단순한 보좌 업무로 보고 대통령 의사에 따라서만 행사한다면, 법률에 굳이 "장관의 제청으로"라는 문구를 둘 이유가 없다. 대통령이라도 장관의 인사제청권을 규정한 법과 제도를 무력화하는 것은 위법이다. 이번 행정안전부 내 경찰국 설치의 법리적 타당성과 별개로, 제왕적 대통령 권한을 견제하고 분산하는 실질적 효과로 이어지도록 해야 한다. 그래야 비로소 경찰국 설치에 대한 이상민 장관의 진심이 국민에게 제대로 전해질 것이다.

경찰법령상 행정안전부 장관의 인사제청 대상은 국가경찰위원의 임명과 총경 이상 경찰공무원의 임명 또는 임용이다. 법은 장관의 인사제청 이전 절차로, 경찰청장 임용에는 국가경찰위원회의 동의를, 시·도경찰청장 임명에는 경찰청장과 시·도자치경찰위원회의 협의·추천을, 그리고 총경 이상 경찰공무원 임용에는 경찰청장의 추천을 각각 요구하고 있다. 임명 대상자를 1차적으로 고를 권한이 추천권자인 경찰청장에게 있다고 본다면, 경찰행정의 책임성과 독자성을 보장하기 위해 장관은 경찰청장의 인사 추천권을 존중해야 한다. 이것이 바로 견제와 균형이며, 그것이 곧 민주주의다. 그렇게 해야 경찰청장의 영(令)이 바로 서고, 현장 경찰관에게도 힘이 실린다.

모든 국민이 가장 걱정하는 것은 경찰의 사법경찰권 행사가 정치적 영향력에 흔들리는 일이다. 경찰청장 임명 제청에 관해, 민간위원으로 구성된 국가경찰위원회의 동의를 받도록 한 이유도 임명 제청권자가 정치인인 장관이라는 점을 의식한 장치다. 국가경찰위원회의 동의가 단지 형식적인 절차에 그치지 않도록, 이미 경찰청장이 내정된 뒤에 위원회를 뒤늦게 열어 동의 절차만 밟아 온 관행은 반드시 고쳐야 한다.

논란 속에서도 행정안전부는 경찰국 업무를 시작했다. 비록 경찰청이 행정안전부 소속이긴 하지만, 구체적인 치안 사무에 관해서는 독립된 지위를 유지해야 하는 것은 분명하다. 1991년 경찰법을 제정하면서 경찰청을 독립 외청(外廳)으로 두고, 민간인으로 구성된 국가경찰위원회로 하여금 경찰을 통제하도록 한 설계는 정치경찰을 용납하지 않겠다는 국민적 합의의 결과였다. 14만 경찰이 국민의 불침번으로 헌신하면서도, 명예와 자존심에 조금도 상처받지 않도록 경찰국 운영에 각별한 주의를 기울여야 한다.

중도일보 칼럼 「프리즘」(19면, 2022.8.3.)

이제는 국가경찰위원회를 개혁할 차례다

3년 전, 중앙정부와 지방정부가 저마다의 역할과 소임을 찾아가는 '자기다움'에 맞춰 경찰 제도를 정비한 일은, 75년 대한민국 경찰 역사에서 큰 사건이다. 1991년 지방자치가 시작된 이후 30년 만에 시·도 중심의 지방 치안 시대를 열어, 경찰의 독립성과 중립성, 민주성을 한층 더 굳히려는 자치경찰제가 출발한 것이다.

그동안 서울에서 제주까지 18개의 시·도자치경찰위원회는 저마다 아무도 가보지 않은 길을 걸어왔다. 제1기 위원회의 성과라면, 주민들의 다양한 치안 수요에 더 민감하게 주목하게 되었다는 점과, 전국 곳곳에서 대한민국 경찰을 염려하고 응원하는 이들이 눈에 띄게 늘어났다는 점이다. 특히 전문성과 경륜을 갖춘 지역 인사들을 시·도자치경찰위원으로 대거 영입하면서, 경찰에 대한 관심과 이해가 높은 지역의 사회 지도층이 늘어난 것은 대한민국 경찰의 미래에 큰 자산이 될 것이다.

'경찰법'은 시·도자치경찰위원회와 함께 국가경찰위원회도 규정하고 있다. 곧 대통령은 제12기 국가경찰위원회를 꾸릴 신임 위원들을 임명하게 된다. 국가경찰위원회는 1991년, 대한민국 경찰이 내무부 치안본부에서 경찰청으로 독립할 때 함께 출범했다. 당시 정치권력의 필요에 따라 흔들리던 경찰에게 정치적 중립을 회복해 신뢰를 되찾으라는 온 국민의 바람이 담긴 기구였다. 그러나 국가경찰위원회가 과연 제대로 제 역할을 하고 있는지에 대한 의문은 지금까지도 계속되고 있다.

법적 위상만 놓고 보면 국가경찰위원회는 시·도자치경찰위원회에 한참 미치지 못한다. 자치경찰제를 도입하면서 국가수사본부의 권한은 크게 강화됐다. 동시에 국가수사본부장은 임기가 끝나면 자연스럽게 퇴직하도록 해, 경찰 수사의 독립성과 정치적 중립성을 확보하려는 강한 처방도 했다. 그런데도 국가경찰위원회의 위상만은 30년 동안 그대로 묶어 두었다. '경찰법' 개정 논의 당시에도 "국가경찰위원회 규정을 한 글자라도 손대면 자치경찰제 도입은 없다”는 식의 으름장이 나올 정도였다. 7명의 위원 가운데 위원장은 비상임이고, 그나마 1명뿐인 상임위원도 줄곧 치안정감 출신 고위 경찰관으로만 임명해 온 것이 현실이다.

국가경찰위원회는 자체 사무를 뒷받침해 줄 사무기구조차 없다. 지난 30년 동안 주로 경찰청에서 올린 안건을 수동적으로 심의 · 의결하는 수준에 머물렀고, 한 달에 두 번 열리는 정기회의만으로는 쏟아지는 경찰 현안을 다루기에도 턱없이 부족했을 것이다. 위원 구성 방식이 취약하다 보니 정권이 바뀔 때마다 위원의 정치적 성향을 둘러싼 논란에 휘말려, 제도 취지에 맞는 운영이 어려웠고, 최근에는 행정안전부 경찰국 설치 논란과도 연결되었다. 수사와 안보 등에서 경찰권이 크게 확장된 지금, 민주적 통제의 필요성은 더 커졌다. 따라서 국가경찰위원 후보군을 구성할 때 관계 장관의 제청에만 의존하지 말고, 추천권자를 다양화해 민주성을 강화하는 일이 절실하다.

이에 비해 시·도자치경찰위원회는 합의제 행정기관으로서 사무국을 두고, 자신들의 권한에 속하는 업무를 독립적으로 수행하고 있다. 위원장과 사무국장 두 사람이 상임이며, 위원 선임에서도 시·도지사뿐 아니라 지방의회와 교육감 등 여러 주체가 추천권을 행사

한다. 이제는 국가경찰위원회를 개혁할 차례다. 적어도 시·도자치경찰위원회에 버금가는 법적 위상을 보장해야 한다. 상임위원 수도 2인 이상으로 늘리고, 위원 구성에서도 대통령뿐 아니라 국회 등 다양한 기관이 추천에 참여할 수 있게 해야 한다.

대한민국 경찰은 이보다 훨씬 잘할 수 있는 역량을 갖추고 있다. 그럼에도 정치 지형에 따라 냉탕과 온탕을 오가는 정책 집행과 인사 혼선으로 국민의 비난을 감수하게 해서는 안 된다. 경찰이 바로 서야 대한민국의 공권력이 바로 선다. 국정 운영에서 경찰이 맡는 '손발' 역할은 결코 작지 않다. 그러나 정치적 판단을 우선하는 경찰 운영은 곧 국가적 손실이며, 결국 우리 국민의 피해로 돌아온다. 이제는 국가경찰위원회를 제대로 세워야 한다. 공정과 상식에 맞는 공권력 행사를 통해 범죄와 재난이 없는 나라를 만들기 위해 헌신하는 경찰관의 모습을, 우리 모두가 더 자주 보게 되기를 바란다.

중도일보 칼럼 「프리즘」(19면, 2023.12.20.)

창간 74주년 74 중도일보

모두에게 공평한 기회를 주는 것이 경찰대 개혁이다

지난 13일 국회에서는 '경찰·소방 중간 간부제도 개혁 토론회'가 열렸다. 경찰과 소방 조직에서 고질적인 인사 적체와, 현장 경험 부족으로 인한 지휘 능력 미흡 문제가 불거진 가운데, 중간 간부 입직 제도 개선이 심도 있게 논의되었다. 특히 경찰대를 졸업하면 별도의 신규 임용시험 없이 자동으로 경위에 임용되는 이른바 '특혜' 제도를 손보기 위한 대안 모색은, 그동안의 경찰대 폐지 논의와 경찰대 개혁 논의와 맞물리며 큰 관심을 끌었다.

참석자들은 '경찰대 졸업생의 자동 경위 임용' 제도는 공정하지 않다고 보았다. 경찰대학에서 소정의 학위 과정을 마쳤다는 의미인 졸업과, 경찰공무원 신분을 얻는 임용(신규 채용)은 분명히 구분되는 영역이기 때문이다. 대안으로, 경찰대 출신도 다른 비(非)경찰대 출신과 마찬가지로 '경위 경쟁채용시험'을 치르는 방안이 제시되었다. 또 경찰 신규 채용자는 치안 현장에서 1년간 적격성 평가를 거쳐 부적격자를 걸러내고 있음에도, 경찰대 졸업생 등 경위 중간 입직자는 이러한 시보임용 원칙에서 예외로 다뤄지고 있는 점도 '특혜' 논란의 대상이라고 짚었다.

중간 간부 입직 제도 개선 심도 있게 논의

졸업만 하면 곧바로 경위로 입직하는 제도는, 경찰대 설립 당시만 해도 경찰사관학교 성격을 가진 4년제 대학을 졸업한 초임 간부를 빠르게 현장 지휘부에 투입할 수 있다는 장점이 있었다. 하지만 지금은 만성적인 승진 적체와 경찰 고위직에 대한 졸업생의 독과점 현상으로, 조직 내부 갈등과 사기 저하의 원인이 되고 있다. 중간 입직 간부에 밀려 승진이 늦어지면, 당장의 연봉은 물론 퇴직 후 연금에서도 불이익을 피하기 어렵다. 입직 제도 개혁은 현장 경찰관이 꿈꾸는 미래이자, 버거운 치안 현장을 버티게 해 주는 희망이다.

근대 경찰제도를 정립한 영국에서는 이런 방식의 중간 간부 입직이 없다. 모두가 순경(Constable)부터 출발한다. 뛰어난 인재라 해도 현장 근무부터 함께 시작하고, 그중 일부가 필요한 전문 교육과정을 거치며 중견 간부로 성장해 간다. 모두 같은 출발선에서 시작하니, 특권층 의식이나 특권 구조가 자리 잡기 어렵다. 비경찰대 출신들이 "조직 안에서 성장판이 일찍 닫힌다"라는 박탈감을 더 이상 느끼지 않도록, 승진·보직은 물론 교육 기회에서도 적극적인 우대 조치를 고민해야 한다.

이제 경찰 조직에서는 '간부'라는 용어 자체를 더 이상 쓰지 않는다. 간부와 비간부를 나누는 발상은 시대에 뒤떨어질 뿐 아니라, 경찰행정의 효율성에도 전혀 도움이 되지 않기 때문이다. 경찰 조직이 간부와 비간부로 갈라져 상호 불신을 키우는 현실은 이미 위험 수위에 이르렀다. 몇몇 직책 이름에서 '간부'라는 단어를 없앤다고 해결될 일이 아니다. 출신 대학과 입직 경로를 따지지 않고, 현장 경험이 풍부하고 전문성과 리더십을 갖춘 사람이면 누구나 조직의 기둥이 되는 '간부'로 성장할 수 있도록 사다리를 놓아야 한다. 만년 하위직의 불만을 덜어 주기 위해서라도 제도 전반을 다시 설계해야 한다.

2022년부터 윤석열 정부는 국무총리 소속 경찰제도발전위원회를 중심으로 '경찰대 개혁' 논의를 이어가고 있지만, 2005년 노무현 정부 시절 처음 경찰대 폐지론

이 나왔을 때와는 상황이 많이 달라졌다. 이제는 바늘구멍 같은 경쟁을 뚫고 들어온 젊은 경찰관들조차, '철밥통'으로 여겨지던 직장을 하나둘 떠나고 있다. 여전히 개혁은 완성되지 않았지만, 경찰대가 본질적인 차원에서 경찰에 헌신할 우수 인재를 조기에 끌어들이고 배출해 왔다는 점은 여전히 유효하다. 경찰대학의 사관학교식 학사 운영이 민주 경찰을 기르는 데 적합한지 비판적으로 살펴보고, 수사 등 전문 분야에 특화된 인재를 양성하는 기관으로 새롭게 출발하는 방안도 적극적으로 검토할 만하다.

경찰조직 선제적 개혁 용기 있게 이끌어야

이와 함께 '우수한 경찰'의 기준도 바뀔 때다. 오늘날 전국 4년제 대학 40여 곳에 경찰 관련 학과가 생겨났고, 순경으로 입직하는 이들 가운데 90% 이상이 학사 학위를 가지고 있다. 이들은 경찰학과 범죄학의 본고장에서 공부한 교수들로부터, 서구식 경찰서비스는 물론 지역 공동체와 함께하는 다양한 경험까지 배우며 성장하고 있다.

경찰 조직이 스스로 건전성을 확보하고, 구성원이 성장할 수 있는 길과 조직 안에서의 미래를 분명히 제시한다면, 다양한 전공을 가진 우수 인재들도 자연스럽게 모여들 것이다. 경찰은 정치가 바뀔 때마다 개혁의 대상으로만 머물지 않기 위해, 스스로 먼저 개혁을 이끄는 용기를 가져야 한다. 진정한 공직자라면 언제나 국민에게 이익이 되는 방향을 먼저 생각해야 한다.

내일신문 칼럼 「신문로」(22면, 2024.8.23.)

내일신문

경찰 채용 필기시험에 '헌법' 도입, 실효성 없다

경찰 채용 필기시험에 헌법 과목을 추가하는 방안이 추진되고 있다. 경찰청은 경찰의 인권 의식을 높이기 위해 헌법 과목을 포함해야 한다는 입장이다. 그러나 이 개편안에 대해 현장 경찰의 약 3분의 2가 반대하고 있다.

지난 9~10월 전국 경찰 1만 5827명을 대상으로 한 내부 설문조사 결과, 응답자의 67.5%인 9925명이 순경 공채에 헌법을 필수과목으로 넣을 필요가 없다고 답했다. 최근 전국 경찰에서 선발한 100명이 2박 3일 합숙 토론을 진행한 결과에서도, 헌법 과목이 필요하다는 의견은 30%에 미치지 못했다. 경찰 채용 필기시험에 헌법 과목이 신설되면 수험생들의 부담이 더 커질 것이라는 우려도 적지 않다.

경찰 채용 시험 과목은 무엇보다 직무 능력 중심으로 구성되어야 한다. 채용 시험에서 헌법 점수가 높다고 해서 인권 감수성이 자동으로 높아지는 것은 아니다. 헌법을 공부하면 자연스럽게 인권 의식이 길러질 것이라는 생각은 다소 순진한 발상이다. 국민의 기본권과 국가 운영 원리에 관한 헌법적 소양은 고등학교 교육 과정까지로도 충분히 기를 수 있다. 만약 실질적인 효과를 기대한다면, 고등학교 교과과정이나 그 이전 단계에서 헌법 교육의 비중을 강화하는 것이 보다 바람직할 것이다.

국가의 근본규범인 헌법의 중요성은 아무리 강조해도 지나치지 않다. 공무원이 국민의 기본권을 존중하게 하려면, 시험과목으로서의 헌법 공부보다는 국민 스스로 자신의 기본권을 주체적으로 행사하고 이웃의 권리를 존중하는 시민 의식과 사회적 분위기를 조성하는 것이 무엇보다 중요하지 않을까.

조선일보(2018. 12. 20) A36면

朝鮮日報

뛰어야 사는 인생,
마라톤

이렇다 할 변변한 운동조차 못한 채 그저 바쁘게 살기만 하던 어느 날, 우연히 빗길을 무리를 지어 달리는 사람들을 보았다. 마라톤이었다. 필리피데스가 마라톤에서 아테네까지 달렸다는 페르시아 전쟁 이후, 인간의 뜀박질은 지금까지도 이어져 오고 있다. 속도만 놓고 보면 치타나 타조처럼 인간을 훨씬 능가하는 동물들이 수두룩하고, 이를 대신할 자동차나 비행기가 넘쳐나는 세상인데도 굳이 땀 흘려 달리는 데에는 나름의 이유가 있을 것이다.

하나의 목표를 향해 에너지를 집중하는 인간의 무언의 행위 앞에서는 누구나 숙연해진다. 그날 결승선을 향해 자신의 몸이 지닌 한계에 도전하는 마라토너들의 몸짓은 장엄하기까지 했다. 마라톤은 아마추어들에게 많게는 네 시간 넘게 일정한 속도로 달려야 하는 운동이기에, 완주 그 자체만으로도 저절로 존경심이 생긴다. 어느 시인이 연탄재를 함부로 발로 차지 말라 했듯, 나도 문득 스스로에게 물어보았다. "나는 누구에게 한 번이라도 뜨거운 사람이었느냐"고.

2017년 여름부터 1년 동안 연구차 뉴욕을 찾았을 때의 일이다. 매디슨가에 거처를 구한 덕분에, 아침이면 5번가를 바로 건너 뉴요커들과 함께 센트럴 파크에서 텐케이(10km)를 뛰며 맨해튼에 아침이 오는 소리를 들을 수 있었다. 59번 거리와 110번 거리 사이를 남북으로 오가며 연못과 호수, 공원 안 메트로폴리탄 미술관 뒤편을 지나 5번가 건너편 구겐하임미술관의 하얀 자태를 확인할 때면, 살아 있다는 느낌이 밀려왔다. 할렘미어(Harlem Meer)에서 유유히 헤엄치는 오리 가족은 달려온 피로를 잊게 해 주었다. 비록 뉴욕 마라톤은 완주 기록이 없어 자원봉사자로만 참여했지만, 뉴욕의 크고 작은 여러 달리기 대회와 함께 호흡했던 기억이 남아 있다.

얼마 전부터 우리나라 여러 도시에서도 '러닝크루'라는 이름의 도심 달리기가 유행하고 있다. 이들은 소셜네트워크서비스를 통해 자유롭게 시간과 장소를 정해 모인다. 이런 도심 달리기는 뉴욕, 런던, 베를린, 파리 등 세계 주요 도시에서는 이미 오래전부터 활발했다. 그해 맨해튼 빌딩 숲을 가로질러 이스트리버와 허드슨 강변을 잇는 코스를 함께 달리던 모임에 어깨를 나란히 했던 기억이 새롭다.

지난주, 나는 다시 용기를 내어 마라톤에 도전했다. 기차표를 예매하고 아내와 함께 준비하는 과정도 무척 즐거웠지만, 내 인생에서 마라톤과 다시 만날 시간이 주어졌다는 사실이 무엇보다 감동이었다. 마라톤에서 가장 중요한 것은 지구력인데, 그 비밀은 효율적인 냉각장치에 있다. 땀과 열을 잘 배출한다는 것은 그만큼 오래, 더 잘 달릴 수 있다는 뜻이다. 아무리 비싼 컴퓨터라도 쿨링팬이 고장 나면 소용이 없듯, 열을 식히는 문제는 오래 달려야 살아남는 인간에게 더욱 중요한 과제가 된다. 지구 두 바퀴 반에 해당하는 9만 5천km 길이의 혈관 가운데 절반 이상이 피부 가까이에 모여 있는 것도, 우리 몸의 열기를 식히기 위한 장치일 것이다.

인간은 달려야 존재한다. 공식 마라톤 기록은 아직도 2시간대의 벽을 완전히 넘지 못하고 있다. 그럼에도 인간은 뛰어난 지구력을 갖춘 달리기 선수로서, 장거리에서는 다른 동물들을 이길 수 있다고 한다. 개는 매우 빠르지만 비교적 짧은 거리만 달릴 수 있다. 인간은 제때 온몸으로 충분히 땀을 흘려 몸의 과열을 피할 수 있는 반면, 개는 주로 혀를 통해서만 열을 식히기 때문이다.

샐러리맨들의 급여는 10년 넘게 동결된 곳이 흔하지만, 이제 하루가 다르게 치솟는 물가가 새삼스러울 것도 없다. 마라톤이 흔히 인생에 비유되는 것도 그래서일 것이다. 어쩌면 우리가 뛰는 물가보다 더 오래, 더 꾸준히 달릴 수만 있다면 결국에는 저만치 앞서갈 수 있을지도 모른다. 그러려면 세상사에 분통을 터뜨리는 열기도 과열되지 않도록, 지혜롭게 땀 흘려 조절할 필요가 있지 않을까.

인간은 초코파이 하나에도 힘을 얻어 좌절과 포기를 딛고 일어나 끝까지 완주할 수 있는 존재다. 나의 다리는 물론, 나의 인생도 감동의 백만 불짜리 '말아톤'이 될 수 있다. 비록 서브쓰리라는 대기록은 아니더라도, 결코 포기하지 않는 한 걸음 한 걸음은 우리의 삶에도 새로운 이정표를 세울 수 있다. 인생이라는 마라톤 평원을 달려 승전보를 전하자. 다시 뛰자.

중도일보 칼럼 「프리즘」(19면, 2023.11.8.)

창간 74주년 74 중도일보

저자 소개

학 력

1978년 강릉옥천초등학교 졸업
1981년 강릉명륜중학교 졸업
1984년 강릉고등학교 졸업
1988년 동국대학교 경찰행정학과 졸업
1990년 동국대학교 대학원 졸업(법학 석사)
2008년 동국대학교 대학원 졸업(경찰학 박사)
2017년 미국 뉴욕시 John Jay College of Criminal Justice, CUNY (연구년, 방문 교수)
2020년 서울대학교 행정대학원 국가정책과정 이수(90기)

주요 경력

대전대학교 경찰학과 교수

학교법인 동국대학교 이사

동국대학교 경찰행정학과 총동문회 회장

한국경찰학회 회장

서울경찰청 인권위원회 위원장

한국교수불자연합회 회장

한국행정연구원 (연구년, 객원연구위원)

한국시큐리티정책학회 회장

충남경찰청 손실보상심의위원회 위원장

경찰청 성과평가위원 (경비 · 정보 분과위원장)

경찰청 시민감찰위원

경찰청 규제심사위원

대통령직속 지방시대위원회 자치분권혁신전문위원

대통령직속 국가균형발전위원회 자치분권특별위원

대통령소속 자치분권위원회 자치경찰 전문가 자문단 위원

국무총리소속 경찰제도발전위원회 자치경찰분과 민간위원

대전광역시 민선시장 정책자문위원

대전광역시 자치경찰위원회 위원 (초대위원)

강원특별자치도 전문가자문단 위원
대전지방경찰청 경찰사건심사 시민위원
경찰청 경찰 과학수사 자문위원
서울특별시 자치경찰자문단 위원
전국시도지사협의회 자치경찰제 전문가 모니터링단 위원
내일신문 칼럼 「신문로」, 필진
대전일보 칼럼 「대일논단」, 필진
중도일보 칼럼 「프리즘」, 필진
월간 「불교문화」, 편집위원
법보신문 논설위원
법보신문 칼럼 「법보시론」, 필진
대전대학교 신문방송사 주간
대전대학교 홍보기획실 실장
육군 정훈장교 (20사단, 석사 정훈 제11기)

수 상

2025년 **우수강의상**(대전대학교)
2025년 **행정안전부장관 표창**
2025년 경찰청장 감사장(2024년 · 2023년 · 2022년 · 2021년 · 2020년 · 2015 · 2014년)
2024년 대전광역시장 감사패
2022년 충남경찰청장 감사장
2021년 **행정안전부장관 표창**
2020년 **대통령 표창**
2020년 대통령 단체 표창(한국경찰학회, 15대 회장 당시)
2019년 학술공로패(한국경찰학회)
2018년 학교법인 혜화학원 이사장 표창장
2016년 서울지방경찰청 감사장
2014년 한국공안행정학회 학술상
2013년 한국경호경비학회 공로상
2012년 우수강의상(대전대학교)
2009년 한국경호경비학회 학술상

저 서

「한국의 자치경찰」, 조명문화사, 2025.

「민간경비론」, 대영문화사, 2023.

「경찰과 사회」, 진영사, 2022.

「포용국가를 지향하는 분권형 정부체계 수립에 관한 연구」, 한국행정연구원, 2022.

「문재인 정부의 자치경찰」, 대통령 소속 자치분권위원회 (국정과제협의회 정책기획시리즈01), 2021.

「포스트코로나 대한민국」, 한울아카데미, 2020.

외부 연구용역 보고서

『국회 청사방호 및 질서유지 강화방안 연구』, 국회사무처, 책임연구원, 2024. 12.

『제주형 자치경찰제 중장기 발전계획 연구』. 제주특별자치도 제주자치경찰위원회, 책임연구원, 2022.7.

『제주형 이원적 자치경찰제 발전방안 연구』. 제주특별자치도 제주자치경찰단, 책임연구원, 2022.3.

『자치경찰제 운영 성과 평가와 단계별 제도개선 등 발전전략에 관한 연구』. 대통령소속 자치분권위원회, 책임연구원, 2021.9.

『지방행정과 치안행정의 연계를 통한 자치경찰제 발전방안』. 행정안전부, 책임연구원, 2021.6.

『자치경찰제 시행 관련 설문조사 용역』, 서울특별시, 책임연구원, 2020. 12.

『자치경찰제의 성공적 안착을 위한 실행방안 연구』, 서울특별시, 책임연구원, 2020. 11.

『포용국가를 지향하는 분권형 정부체계 수립에 관한 연구용역』, 경제 · 인문사회연구회, (자치경찰분과) 책임연구원, 2020.08.

『괴산군 국제안전도시 공인사업을 위한 기본조사 연구용역』, 충북 괴산군, 공동연구원, 2019. 10.

『청원경찰법령 전면 정비 방안 연구』, 경찰청, 책임연구원, 2019. 07.

『국회경비대 철수에 따른 국회 외곽 및 청사 경비·방호인력 조직방안 연구』, 국회사무처, 책임연구원, 2019. 05.

『자치경찰제의 성공적 안착을 위한 도입방안 연구』, 서울특별시, 공동연구원, 2018. 12.

『정부청사방호 안전체계 구축을 위한 연구용역』, 행정안전부, 책임연구원, 2016. 12.

『국회둔치주차장의 보안성 제고를 위한 시설 및 운영 개선방안 연구』, 국회사무처, 책임연구원, 2016. 7.

『범죄피해자 전담경찰관의 공감피로와 공감만족에 대한 연구』, 한국연구재단, 책임연구원, 2016. 4.

주요 논문

▶ 새 정부에서의 이원화 자치경찰제 시범실시 설계의 실질화 방안 연구, 『한국경찰학회보』, 27(2): 2025. 4. 30: 247-275. (공저)

▶ 국회 경호·경비제도 개선 방안 고찰, 『한국경찰학회보』, 27(1): 2025. 2. 28: 173-192.

▶ 경찰대 개혁 방향의 일 고찰: 경찰대 졸업자의 경위 임용 해법을 중심으로, 『한국경찰학회보』, 26(4): 2023. 12. 31: 167-190.

▶ 국가경찰위원회의 실질화 방안 연구, 『한국경찰학회보』, 25(6): 2023. 12. 31: 109-126.

▶ 자치경찰제 도입 정책결정에 관한 연구-정책수정 과정에서의 비난회피 현상을 중심으로-, 『한국경찰학회보』, 25(5): 2023. 10. 30: 67-90. (공저)

▶ 제주형 자치경찰제에 대한 경찰공무원 등 전문가 집단의 인식태도와 정책적 함의, 『한국테러학회보』, 16(2): 2023. 6. 30: 77-102. (공저)

▶ 제주형 이원적 자치경찰제에서의 합리적 사무배분 및 재조정 방안 연구, 『한국경찰연구』, 21(3): 2022. 9. 30: 181-202. (공저)

▶ 현행 광역단위 자치경찰제 하에서 기초단위 자치경찰제 요소 강화 및 주민참여 확대 방안, 『치안정책연구』, 36(3): 2022. 09. 30: 7-40.

▶ 제주형 이원적 자치경찰제에 따른 제주자치경찰단의 조직구조 개편과 위상 강화 방안 모색, 『한국경찰학회보』, 24(4): 2022. 8. 31: 27-48. (공저)

▶ 자치경찰제의 발전을 위한 입법적 개선 과제: 경찰권의 효율적 분산과 민주적 통제를 중심으로, 『한국경찰학회보』, 24(2): 2022. 4. 30: 269-302.

▶ 통합 「경찰법」상 주민 중심 기초 단위 자치경찰제의 실질적 운영방안 모색, 『한국공안행정학회보』, 31(1): 2022. 4. 30: 197-224. (공저)

▶ 제주형 자치경찰제 정립방안 연구: 제주자치경찰단의 효율적 사무분장 모색을 중심으로, 『사회과학연구』, 29(1): 2022. 3. 20: 27-52.

▶ 자치경찰시대 경찰법학의 전망과 과제-자치경찰의 조직, 권한, 임무(사무)의 측면에서-, 『경찰법 연구』, 19(2): 2021. 6. 30: 1-48. (공저)

▶ 정부합동청사의 국가보안시설 지정 필요성 검토, 「한국민간경비학회보」, 19(5), 한국민간경비학회, 2020. 12. 31: 159-186.

▶ ISIS 이후 주요국의 대테러정책 변화와 시사점 -급진화·폭력적 극단주의 대응을 중심으로-, 『경찰학 논총』, 15(3), 경찰학연구소, 2020. 8. 31: 145-173. (공저)

▶ 서울특별시 자치경찰제의 도입방안 연구, 『경찰학 논총』, 15(2), 경찰학연구소, 2020. 5. 31: 75-99. (공저)

▶ 국회경비대 철수에 따른 국회경비조직 효율화 방안, 『한국민간경비학회보』, 19(2), 한국민간경비학회, 2020. 5. 31: 77-97. (공저)

▶ 청원경찰법령 전면 정비 방안 연구, 『한국경찰연구』, 19(1), 한국경찰연구학회, 2020. 3. 31: 159-182. (공저)

▶ 자치경찰제 도입의 법적 쟁점과 과제, 『경찰학 논총』, 14(4), 경찰학연구소, 2019. 11: 245-274.

▶ 한국 자치경찰제의 도입 모형: 정부안(홍익표의원 대표발의안) 검토를 중심으로,『한국경찰학회보』, 21(2), 한국경찰학회, 2019. 4: 51-82.

▶ 경찰공무원 채용 필기시험 과목개편안에 대한 비판적 검토, 『한국경찰학회보』, 21(1), 한국경찰학회, 2019. 2: 3-36. (공저)

▶ 신 직업으로서 탐정제도의 필요성과 업무 영역에 관한 연구, 『한국경찰연구』, 17(4), 한국경찰연구학회, 2018. 12: 185-208.

▶ 공동주택경비원과 일반경비원의 통합관리에 관한 연구, 『한국경호경비학회보』, 제57호, 한국경호경비학회, 2018. 12:27-55.

▶ 경찰관 대상 회복탄력성 검사 지수의 타당도 연구, 『한국경찰학회보』, 제20권 5호 (통권 72호), 한국경찰학회, 2018. 06: 285-314. (공저).

▶ 범죄피해자 전담경찰관의 직무수행 경험에 관한 질적 연구, 『한국경찰학회보』, 제 20권 3호(통권 70호), 한국경찰학회, 2018. 06: 157-193. (공저).

▶ 경찰관직무집행법상 손실보상 심의 사례연구, 『한국경찰학회보』, 제20권 1호(통권 68호), 한국경찰학회, 2018. 02: 247-268.

▶ 범죄피해자 전담경찰관 대상 ProQOL(공감피로 및 공감만족)척도에 대한 신뢰도와 타당도 검증 연구, 『한국경찰학회보』, 제19권 3호(통권 64호), 한국경찰학회, 2017. 06: 187-213(공저).

▶ 국가중요시설의 주차장 보안의 문제점과 개선방안: 국회둔치주차장을 중심으로, 『한국경호경비학회지』, 제 50호, 한국경호경비학회, 2017. 03: 59-87(공저).

▶ 경비업법상 '집단민원현장' 관련규정에 관한 연구, 『융합보안논문지』, 제15권 6호, 한국융합보안학회, 2015. 10: 55-63.

▶ 경찰과 민간경비의 치안공조 기대이익과 성공요소, 『한국경찰학회보』, 제17권 5호, 한국경찰학회, 2015. 10: 263-287.

▶ 미국경비협회(ASIS)의 전문화와 세계화 전략에 관한 방문연구, 『융합보안논문지』, 제15권 3호, 한국융합보안학회, 2015. 5: 3-10

▶ 오경보 감소를 위한 '선별신고제도'의 평가와 과제, 『융합보안논문지』, 제15권 1호, 한국융합보안학회, 2015. 2: 27-36

▶ 경찰과 민간경비의 치안공조 증진을 위한 경비업법 개정방향, 『한국공안행정학회보』, 2014. 12: 161-188.

▶ 신변보호사 자격시험의 운영실태와 개선방안에 관한 연구, 『융합보안논문지』, 제14권 6호, 한국융합보안학회, 2014. 10: 35-44.

▶ 치안공조와 민간경비산업육성을 위한 경비업법 진단과 발전방향, 『한국공안행정학회지』제53호, 한국공안행정학회, 2013: 163-192.

▶ 개정 경비업법의 평가와 정책과제, 『한국경호경비학회지』 제36호, 한국경호경비학회, 2013: 349-386.

▶ 중국의 학교폭력 예방정책의 내용과 그 시사점, 『한국경찰연구』 제12권 제3호, 한국경찰연구학회, 2013: 75-102.(공저)

▶ 경비업법상 경비지도사의 법적 지위와 제도적 발전방안, 『한국공안행정학회보』 제22권 제3호(통권 제52호), 한국공안행정학회, 2013: 217-250.

▶ 경찰서 유치장에서의 인권보호를 위한 제도개선 연구, 『치안정책연구』 제26권 제1호, 치안정책연구소, 2012: 135-165.

▶ 서울시 학교보안관 제도의 평가와 발전적 확대방안 - 경비업법 적용의 당위성 논증을 중심으로-, 『한국경호경비학회지』, 한국경호경비학회, 통권 제29호, 2011: 163-191.

▶ 개정된 경찰관 채용시험제도의 평가와 개선방안-시행상의 세부착안사항을 중심으로-, 『한국공안행정학회보』, 한국공안행정학회, 제20권 제3호(통권 제44호), 2011: 171-212.

▶ The Status, Future Trend, and Its Implication of Policing in South Korea,『사회과학논문집』, 대전대학교 사회과학연구소, 2011, 29(1): 313-323.

▶ 경찰의 성폭력 범죄 대응능력 향상방안, 『한국공안행정학회보』, 한국공안행정학회, 2010, 19(2): 195-228.

▶ 2009년 민간경비산업의 제도변화와 그 함의,『사회과학논문집』, 대전대학교 사회과학연구소, 2010, 28(2): 123-140.

▶ 캠퍼스 폴리스 도입에 관한 연구, 『한국공안행정학회보』, 한국공안행정학회, 2009, 18(4): 261-290.

▶ 뉴테러리즘 시대의 지역사회 경찰활동의 새로운 모색 -'Intelligence-Led Policing'을 중심으로 -, 『한국경찰학회보』, 한국경찰학회, 2009, 11(4): 347-376.

▶ 공인탐정제도의 올바른 모델 설정에 관한 연구, 『한국경호경비학회지』, 한국경호경비학회, 2009, 20: 249-270.

▶ 기계경비의 오경보 감소대책에 관한 연구, 『한국경찰연구』, 한국경찰연구학회, 2009, 8(2): 95-121.

▶ 공무집행방해사범의 공권력 확보방안에 관한 연구, 『한국공안행정학회보』, 한국공안행정학회, 2009, 18(1): 235-271.

▶ 교통경찰업무의 민영화에 관한 연구, 『한국경호경비학회지』, 한국경호경비학회, 2008, 15: 255-273.

▶ 『경찰업무의 민영화에 관한 연구』, 동국대학교 대학원 박사학위논문, 2008.

▶ 경찰업무 민영화의 내용과 한계에 관한 연구, 『한국공안행정학회보』, 한국공안행정학회, 2007, 16(3): 229-259.

▶ 민간경비와 경찰의 상호협력프로그램의 개선에 관한 연구, 『한국민간경비학회보』, 한국민간경비학회, 2006, 7: 249-281.